JN025948

子どもが夢中になって学ぶ！
「探究心」の育て方

探究の達人

神田昌典 監修　　学修デザイナー協会 編著

実業之日本社

# まえがき

学修デザイナー協会理事 神田昌典

## シリコンバレーを超える教育が、普通の公立校で

　今、世界の見本になる教育が、日本で始まっていることをご存じですか?

　「え?　日本の教育って、世界から取り残されているんじゃないの?」　そう思われた方も多いと思いますが……、それは真実ではありません。

　今、未来の教育を形づくるうえで、世界的に大きな役割を果たしているのが、日本の教育なのです。

　その証拠に、今どきの小学4年生の授業風景を見てください。

#### ▶ 大阪府枚方市立東香里小学校における探究学習

このロボットの機能は「飢餓の国に行って、食料をあげたり、防災方法を教えたり、一緒に仕事をするロボット」です。では動かしてみましょう。

ロボットをつくり、SDGsの課題解決にチャレンジ。

ロジカルに論点を整理したあと、チームの構想を発表。

「すべての人に健康と福祉を」というSDGs（持続可能な開発目標）の3番の課題を達成するために、ロボットを活用して医療支援サポートを提供する企業「Good earth（グッドアース）」を、子どもたちが授業で企画しました。

調査・分析後、ビジネスモデルを構想し、学んだプログラミングで動くロボットのプロトタイプをつくります。さらに、そのビジネスをアピールするプロモーション映像の制作まで、子どもたち自らが行っています。

しかも、これは数ある事例のたったひとつ。この小学校では、チームに分かれて同じように「事業企画」を行っていますので、社会課題を解決するスタートアップ企業がいくつも構想されているのです。

この子どもたちが取り組んでいることを初めて見たときに、経営コンサルタントである私は、「これは、もはやシリコンバレーの富豪の子どもたちが通うプライベートスクール並の内容！」と驚愕したわけなのですが、そんな教育が、普通の子が通う公立校で行われているのが、日本なのです。

こうした新しい教育は、「探究学習」と呼ばれ、学習指導要領の改訂とともに、高校では「総合的な探究の時間」として2022年度から本格的に始まり、小学校でも「総合的な学習の時間」で取り入れられています。児童・生徒自身が課題を見つけ出し、自ら問いを立てて、解決策を発見する学習活動を重視する教育法です。

今までの正解を求める受験教育とは真逆のアプローチなので、学校においては、何をどう始めたらいいのかと戸惑っている教員も多いですし、また学校を離れて、今後こうした子

どもたちを自らの会社に受け入れる立場である企業人に「探究学習を知っている？」と尋ねても、ほんの1割程度の人しか手があがらないのが現状です。

ですから、先ほどのように社会課題を解決するビジネスをつくるという授業を行う小学校は、「例外だ」と言われることも多いのですが、これから本書でご紹介するとおり、今その例外が急速に広がっています。

## 探究学習は、「教育ルネサンス」の幕開け

探究学習が成功するかどうかに、日本の未来がかかっていると、私は考えています。なぜなら急速な少子高齢化により、日本経済は衰退が予想されていますが、探究学習を通じて新規事業をつくる仕組みが整備されていけば、人口減を補う以上の成長チャンスが生まれるからです。

「新規事業をつくることは、長年の経験を積んだビジネスリーダーでも失敗することが多いのだから、学校で教えたところで、子どもができるようになるはずがない」と反論する方もいるでしょう。

しかし、ビジネスは経験ある大人にしかできないという常識は時代遅れ。今はYouTube、Zoom、Google Workspaceをはじめとした無料で使えるデジタルツールや、クラウドファンディングを使えば、子どものお小遣いの範囲でも、ビジネスは立ち上げられるようになりました。

想像してみてください。

もしあなたが、今、先ほどご紹介したロボットづくりに夢中になっている子どもと同じ年齢だとしたら？

そして、毎日通う学校では、思う存分、好きなテーマを探究することを応援されたら？

　さらに、自ら取り組んだプロジェクトを仕事にしていくための予行演習を、義務教育の間にしっかりと身につけられるとしたら？

　あなたは人生100年時代に、どんなすばらしい可能性を手に入れられるでしょうか？

　その可能性を広げてくれるのが、探究学習です。

　また探究学習は、その普及する過程においても、さまざまな人々にさまざまなメリットをもたらします。

- 子どもたちは、自分の夢と学びが直結するようになるので、学校にいくことが楽しくなる。
- 保護者は、自分が取り組む仕事が探究学習にも関係するので、子どもたちとの共通の話題が増える。
- 教師は、講義テキストを制作するより、児童・生徒との対話の時間を重視するようになるので、授業準備に時間がかからないようになる。
- 学校は、児童・生徒の探究学習をきっかけに、産学推進体制が進められ、資金的にも協力を受けやすい環境が整っていく。
- 企業は、新入社員を入社後ゼロから育てるのではなく、自社の注力テーマを探究してきた学生を採用できるようになる。

　このように多くの方々が探究学習の本質を理解し、協力

的・調和的関係が構築されていけば、「教育ルネサンス」と呼んでもいいほどの大きな未来が幕開けすると、私は考えています。

この規模の変革を、学校だけに押しつけると、資金不足、人員不足が壁になってきて、永遠に進みません。「いったい誰が教えるんだ？」なんて声も聞こえてきそうです。

しかしながら現在は、学びたい人よりも、無償でも教えたい人のほうが多い時代です。だから、学校運営はこうあるべきだという、今までの概念をいったん忘れることで、問題は解決し始めます。

今、必要なのは、そうした価値ある変化が、すでに始まっているという事実を、広く社会全体で共有していくこと——それが本書の目的であり、また本書で紹介される数々の事例は「日本発・教育ルネサンス」を進めるうえでの、大きな原動力となるはずです。

## 東日本大震災の体験が、教育の未来に影響を与えている

今、成功事例が現れ始めている探究学習の現場からみると、冒頭でお伝えしたとおり、日本の教育は、米国でビジネスで大成功した富豪も羨むような教育が準備され始めています。

しかも日本の探究学習は、経済的成功を目指す「ビジネスファースト」の教育を超えて、これからの複雑かつ予測できない未来を生きるうえで必要になる、根源的技能を養う教育を目指しています。

このように日本の教育が、未来の理想の教育を探究するように変わり始めたのは、なぜなのでしょうか？　そこには、どんなきっかけがあったのでしょうか？

　その背景には、日本人にはあまり知られていない意外なストーリーがあるので、ご紹介しましょう。

　2011年3月11日に、東北地方において、マグニチュード9.0の巨大地震が発生しました。それまで笑い声があふれていた学校は一夜にして、地域住人の「命を守る砦」に変わりました。
　この約1か月後に日本を訪れたのが、当時のOECD事務総長アンヘル・グリア氏でした。グリア氏は復興に向けてOECDの支援を約束。そして、その一環として、被災した子どもたちを勇気づけるため、2014年にフランス・パリで、東北の創造的復興をアピールするための国際イベントを企画・実施しようと呼びかけたのです。

　こうしてスタートしたのが、「OECD東北スクール」です。このプロジェクトに参加する子どもたちは、まったく答えがない状況で、自ら問いを立て、イニシアティブをとり、協調性、交渉力などの能力を育んでいきました。
　その実践的学習の結果、2015年に策定されたのが、2030年に望まれる社会を実現するために必要な技能の方向性を示す「ラーニング・コンパス」です。

## ▶ OECD ラーニング・コンパス

The OECD Learning Compass 2030

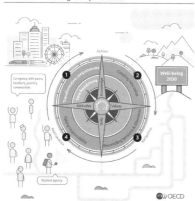

❶ よりよい未来の創造に向けた
　変革を起こすコンピテンシー

❷ 新たな価値を創造する力

❸ 対立やジレンマに対処する力

❹ 責任ある行動をとる力

出典：OECD Future of Education
and Skills 2030

　その指針には、「新たな価値を創造する力」「対立やジレンマに対処する力」「責任ある行動をとる力」など、これからの複雑な時代に根源的な技能が必要であることが強調されています。

　まさに「人間として生きるうえで本当に大切なことは何か？」という死生観を問われた結果、見出した教育の軸といってもいいでしょう。

　そして、そのラーニング・コンパスをベースにしながら、探究学習のカリキュラムを開発し始めたメンバーのひとりが、本書の執筆陣のひとりである荒康義氏（当時、福島県立ふたば未来学園高等学校教諭）でした。こうした探究学習の初期の実践は、ほどなく荒先生の仲間——とくにNPO法人学修デザイナー協会に所属する理事の方々に影響を与え、小学校、中学校、さらにはICT教育分野においても広がりをもたらすことになりました。

## 遊びのように楽しい新しい教育で、大人も元気に

　このように未曾有の被害をもたらした東日本大震災をきっかけに、人が生きるうえで必要になる根源的な価値を見つめ直した結果、打ち出された教育の未来。その見本を示すべく、大きな役割を担っているのが日本の探究学習なのです。

　だからこそ、今回の教育変革は、失敗させるわけにはいかない。

　ただ……、そんな重要な変革だからといって、私たちは気負う必要はまったくありません。なぜなら、その道のりは、苦行ではなく、遊びのように楽しいからです。探究学習を実践する現場に触れた大人たちを見ると、学びに夢中になっている子どもたちに大きな刺激を受け、むしろ子どもたち以上に目が輝き始めることが多いのです。

　ですから、あなたにお願いしたいことは、とっても簡単です。
　まずは、本書で紹介する事例を通じて、ぜひ探究学習に興味をもってください。そして、あなたのまわりにいる子どもたちに、学校で行われている探究学習について聞いてみてください。すると、あなたは、子どもたちの瞳の輝きの中に、すでに希望の未来が始まっていることに気づくでしょう。

　それでは、日本の探究学習がひらく「教育ルネサンス」の時代へ、あなたをご案内いたしましょう。

# こんなにすごい！
# 探究学習で生み出された
# 課題解決アイデア

子どもの探究心を育てると、どれほどすばらしいアイデアが生まれるのか？
ここではその一部を紹介します。
ぜひ、ご自身やまわりの子どもたちならどう考えるか、
想像しながらご覧ください。

## Misson 1

### 冷凍自動販売機の
### 新たな使い方を考えよう！

無人で、賞味期限の長い食品を販売できる
冷凍自動販売機「ど冷えもん」。コロナ禍の
外食産業を救ったと話題になった製品の新
たな可能性を6年生が探究した。

枚方市立東香里小学校（→P.138）

## STEP 1 >> 思考ツールで「ど冷えもん」の
## メリット・デメリットを整理

教師が用意した新聞記事を読み、「ど冷えもん」にどのような可能性と課題が
あるか、マインドマップなどの思考ツール（第3章参照）を使って整理した。

## STEP **2** >> 企業の関係者と共同ワークを行う

自動販売機をつくる企業の担当者も交えて、共同でディスカッションを行った。「思いついたら発言する」「子ども扱いしない」「話している人の目を見る」など、グランドルールを設けて話し合った。

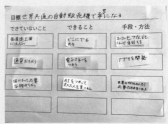

ここでも思考ツールを活用。ディスカッションの前にはエンパシー（共感）マップでユーザーのイメージを共有。さらに、アンビシャスターゲットツリーで現状を整理して、理想の自動販売機のアイデアを考案。

## STEP **3** >> 新しい冷凍自動販売機の アイデアを発表！

自分たちで思考し、さらに大人との共同ワークで刺激を受けたことで、これまでにない自動販売機のアイデアが多数発表された。

> ソーラーパネルで
> 発電しながら節電！

> 食べられる容器を
> 使い、ゴミをゼロに

> 防犯カメラをつけて
> 地域の防犯に役立てる

> 翻訳機能をつける！

> 災害時には
> 非常食を販売する

> 購入代金の
> 一部が寄付できる

## Misson **2**

# SDGsの課題を自作の
# ロボットで解決しよう!

4年生の「総合的な学習の時間」において、
2030年までの実現を目指して国連が定め
たSDGs(持続可能な開発目標)の解決策をプ
ロジェクト化。自分たちの会社をつくり、課
題解決のためのロボットも開発!

枚方市立東香里小学校(→P.144)

## STEP **1** >> SDGsの課題を解決する
会社をつくり、プロジェクトを考案

SDGsの17の目標からひとつを選び、それを解決するための「会社」を設立。
調べ学習で得られた情報をもとに、さまざまな思考ツールを活用しながら、問
題点を整理し、解決策を導き出した。

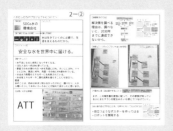

**14** 海の豊かさを
守ろう

**海のゴミを
減らそう!**

**6** 安全な水とトイレ
を世界中に

**安全な水を
世界中に
届けよう!**

## STEP **2** 》》 課題を解決するロボットをつくる

実践編として、STEP1で立ち上げたプロジェクトを実現するためのロボットを設計。誰がいつどこで、どのようにロボットを動かすかまで具体的に考えた。

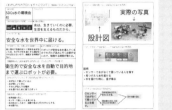

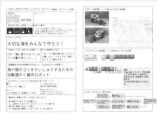

プログラミング学習用教材「レゴ® WeDo2.0」を用いて、ロボットを組み立て、プログラミング。改良を加えながら理想のロボットを製作した。

## STEP **3** 》》 自分たちの会社のPR動画を制作!

最後に、自分たちの会社のロボットを世の中に広めるためにPR動画をつくった。シナリオ・構成・出演から、動画の撮影・編集までを児童自ら行った。

# 風評被害に悩む 福島の農家を救おう!

2011年の東日本大震災後の原発事故による放射線の影響で風評被害に苦しんでいた福島県双葉郡の農家。彼らを救うため、地元の男子高校生が立ち上がった! 教師も驚いた彼の行動力に注目!

福島県立ふたば未来学園
中学校・高等学校(→P.150)

## STEP **1** >> 地域交流と福島の野菜の イメージアップのため 「ファーマーズマーケット」を企画

地域の人の流れや農業部門の販売額などのデータを調べて現状を把握。それらの資料と打開策をプレゼン資料としてまとめ、ファーマーズマーケット開催の意義を訴えた。

### 広野町が直面する課題

| | | |
|---|---|---|
| 住民基本台帳 | 5481 (2011年3月11日) | 5006 (2016年11月1日) |
| 震災復興関係者 | 0 (H23) | 約3000人 (H28) |
| 作付け農家数 | 335 (H22) | 115 (H27) |

うち、広野町に帰還しているのは
**約2500人**

町内に居住している震災復興関係者は
**約3000人**

震災復興関係者　ぎくしゃく　広野町民
地域コミュニティ

交流による関係づくりが復興に向けて必要不可欠になる。

### プランにより現状を変える

農業体験イベント　ファーマーズマーケット

栽培
生産量減少
風評被害価格の下落
生産量増加
生産
販売
収入増
消費
やる気自信を無くす
収入減
還元
農家や地域に還元される
やる気・自信を持てる

## STEP 2 ≫ クラウドファンディングで資金調達！

初めてクラウドファンディングに申し込み、見事目標額を達成！教師に頼らず自ら町役場に相談し、記者会見もセッティングするほどの行動力を発揮した。

## STEP 3 ≫ 地域で初めての ファーマーズマーケットを開催！

それまで誰も発案も実行もしたことのなかったファーマーズマーケットを開催し、地域の人々との交流を図った。その取り組みが評価され、福島大学に合格！

ここで紹介した子どもたちが、特別なわけではありません。
探究学習で子どもの好奇心を刺激すれば、
あなたのまわりの子どもたちも同じように力を発揮してくれます。
ぜひ、本書でその秘訣を知ってください！

# 探究の達人

子どもが夢中になって学ぶ!
「探究心」の育て方

—— 目次 ——

第 **1** 章 | 「探究」はこれからの時代を
生き抜くための力になる

第 **4** 章 | 「探究学習」に取り組む
子どもたちの課題解決力

## SDGsの視点からワクワクしながら未来をつくる!
枚方市立東香里小学校(大阪府)

## 学びが無限に拡大する未来創造探究
福島県立ふたば未来学園中学校・高等学校(福島県)

## 高度な情報スキルが身につくキャリア教育
千代田区立九段中等教育学校（東京都）

# 第 5 章 | 家庭でできる 「探究心」の育て方

| 協力 | 枚方市立東香里小学校 |
|---|---|
| | 福島県立ふたば未来学園中学校・高等学校 |
| | 千代田区立九段中等教育学校 |
| | ユームテクノロジージャパン |
| | アルマ・クリエイション |
| | サカモト商会 |
| | 水沢鋳物工業協同組合 |
| | パナソニックセンター東京 |
| | 凸版印刷 |
| | 東京国立博物館 |
| ブックデザイン | 田村梓(ten-bin) |
| 図版作成 | 松本聖典 |
| イラスト | うてのての |
| DTP | 三協美術 |
| 校正 | くすのき舎 |
| 編集協力 | 八木沢由香(アンツ) 深谷美智子(le pont) |

第 **1** 章

「探究」は
これからの時代を
生き抜くための
力になる

なぜ今、探究学習が必要なのか、
これからの時代、どのようなスキルが求められるのか
まずは、日本の教育現場に留まらず
世界と未来に目を向けながら探ってみましょう

# 予測不可能な時代に求められる
## 「探究する力」

　今の子どもたちが大人になったとき、彼らが生きる社会はどのようになっているのでしょうか。その答えはどこにもありません。

　気候変動や食糧難、高齢化など、経済活動や社会活動に多大な影響を及ぼす問題が世界規模で深刻化しています。グローバル化により、それらの問題が複雑に絡み合い、この先どうなっていくかは大人にも想像がつきません。

　唯一わかっているのは、**今は人類史すら変えてしまいかねない大きな変化が起こりうる時代である**ということ、そして、**これから先の予測不可能な時代を子どもたちは生き抜いていかなくてはならない**ということです。

## 古い価値観を切り替えよう

　今、世界は「情報社会」といわれるSociety（ソサエティ）4.0から、Society 5.0と呼ばれる**「超スマート社会」**に向かいつつあります。

　これは、「昔とはもう時代が違う」といった数十年レベルの変化ではありません。**狩猟社会、農耕社会、工業社会と何万年にもわたって変遷してきた、人類史の大きな転換点なのです。**

　Society 5.0は、AI（人工知能）やIoT（モノのインターネッ

ト）、VR（仮想現実）、メタバース（3次元仮想空間）などが現実と溶け合うまったく新しい社会です。

### ▶ 時代はSociety5.0へ

情報社会に続くSociety5.0では、サイバー空間（仮想空間）とフィジカル空間（現実空間）を高度に融合させた社会が実現する。

出典：日本経済団体連合会および内閣府の資料をもとに作成

## AIに使われる人、AIを使いこなす人

子どもたちは将来、AIを使いこなす人になるでしょうか？　それともAIに働かされる人になるでしょうか？

**AIが進化していくと、今ある仕事の約半数がなくなる**。このような話を皆さんも耳にしたことがあると思います。

オックスフォード大学のマイケル・A・オズボーン教授らが、2013年に発表した論文『The Future of Employment（雇用の未来）』によると、スーパーのレジ係、データ入力、銀

行の窓口業務といったルーティン性の高い仕事は、やがて
AIやロボットにとって代わられるとされています。

　また、2015年に発表されたオズボーン教授らと野村総合
研究所の共同研究では、**10〜20年後には日本の労働人口の
約49％が就いている職業が代替可能**と予測されています。

　そして実際に、その予測は現実のものとなりつつあります。

### 人工知能に奪われるおもな仕事

- 電話を使う営業員
- 運転手、販売員
- 会計士、監査人
- 財務申告書作成者
- 銀行窓口係
- 不動産仲介業者
- モデル
- レストランの料理人
- 審判員

### 生き残るおもな仕事

- 小学校の教師
- ソーシャルワーカー
- 作業療法士
- 看護師
- 内科医、外科医
- スポーツトレーナー
- 弁護士
- 人事マネージャー
- 栄養士

## この先は「未来を切り開く力」が必要になる

　多くの仕事がAIで自動化されていく超スマート社会では、
職種や働き方も従来とは変化します。今は存在していない、
まったく新しい職業も多数生まれるでしょう。

　AI時代に生き残る仕事は、**感性や発想力、創造力、人の
心を感動させる力を活かした人間にしかできない仕事**です。

　今後は、**AIやVRなどのテクノロジーを使いこなして自ら
社会をつくる人になるか、テクノロジーの変化に振り回さ**

れ、**言われたことだけをこなしていく人になるのかの二極化がいっそう進んでいく**ともいわれています。

　どちらがより生き生きと、楽しく、充実感をもちながら生きていけるか。答えは言うまでもありません。

　もう、これまでのように「いい大学に入って、いい会社に就職すれば、それなりに食べていける」という「王道ルート」を求める受身の生き方では、太刀打ちできません。

　変化の時代を生きる子どもたちは、**どんな環境・状況に置かれようと自力で未来を切り開いていくための能力・スキル**を身につける必要があります。

　その土台をつくるのが「**探究する力**」です。なかでも、のちほど説明する「**ゼロから1をつくる力**」「**課題を見つけて解決策を考える力**」は欠かせません。

　国も教育現場も、「予測不可能な時代を生きる力」を養うべく、「探究」をベースとした新しい教育へと大きくシフトしています。このような時代の変化を意識して子どもを育てていくことで、子どもの未来は保護者や教師の想像をはるかに超えて花開いていきます。

これからの子どもたちは「未来を切り開く力」が求められる。

# 理想の未来から
# 「今ないもの」をつくり出せる人に

　これからの時代は、**人類が共通して抱える課題を革新的な技術によって解決できる人**が、世の中で求められます。

　現実の世界には、経済発展やグローバル化の進展とともに、さまざまな社会的課題が生じています。それらの地球規模の課題を解決するため、**2030年までに実現すべき17項目の目標**が定められました。それが**SDGs**です。

　SDGs（持続可能な開発目標）に関してはすでにご存じの方も多いと思いますが、「Society5.0」が目指す社会は、SDGsが掲げる人類共通の課題解決にもつながっていきます。

　次のページの図のように、**テクノロジーによって「サイバー空間」と「フィジカル空間」を融合させることで、経済の発展と地球規模の課題の解決を両立できる**ことが期待されているのです。

## 自ら発見・創造できる人が求められる

　もちろん人類といった大きな視点に限らず、日本社会や地域社会といった身近なところにも、一朝一夕には解決がむずかしい社会課題はたくさんあります。

　新たな社会で必要とされるのは、それらを解決するために「今ないものをつくり出せる人」です。

## ▶ Society5.0が解決するSDGsの課題

 IoT、AI、ビッグデータを活用したスマート農業により食糧生産を増大。最先端のバイオテクノロジーを用い生産されたスマートフードにより栄養状態を改善

 多種多様なモニタリングデータを組み合わせ、感染症予防のための早期警戒システムを開発

 最先端の技術を活用したeラーニングシステムを用いることで、地球上の誰もが高品質の教育を手頃な価格で享受可能に

 インターネットを通じた教育や情報へのアクセスにより女性の地位を向上。ICTを活用して女性に起業の機会を提供

 スマートグリッドシステムの構築による持続可能な電力需給の管理

 i-Constructionを活用し、レジリエントなインフラの構築と持続可能な産業化を促進

 産業界、学術界、その他のステークホルダーを結びつけることで、グローバルなイノベーションエコシステムを構築

 利便性、安全性、経済性を両立させたスマートな都市を創出

 スーパーコンピューターを用いて、気象観測データの解析にもとづくシミュレーションにより、気候変動問題を解決

 水質、森林、土壌劣化、生物多様性などのモニタリングおよびマネジメントに、リモートセンシング・データや海洋観測データを活用

環境問題や食糧難、世界の教育格差、男女格差などあらゆる課題をテクノロジーで解決できる可能性がある。

出典：日本経済団体連合会資料より抜粋

では、具体的にどんな人材が求められているのか。答えとして文部科学省では、次の3つをあげています。

---

**Society 5.0において求められる人材**
・技術革新や価値創造の源となる飛躍知を発見・創造する人材
・技術革新と社会課題をつなげ、プラットフォームを創造する人材
・さまざまな分野においてAIやデータの力を最大限活用し展開できる人材

---

　これらの人材に共通するのは、**自ら発見・創造できる人**、すなわち「**ゼロから1をつくり出す力**」をもっている人です。
　与えられた課題に取り組むのではなく、**解決すべき問題を自ら発見し、解決するための課題を設定し、テクノロジーを活用しながら、解決につながる新たな価値を創造できる**。これからは、そのような人材が活躍していくのです。

## AIにはない「探究力」を鍛えよう

　社会経済がモノづくりで支えられ、人口も安定し終身雇用が当たり前だった時代に必要とされていたのは「**1を100にする力**」、つまり今あるもののクオリティを高める力です。
　しかし、「Society5.0」の社会が本格化すれば、**AIの不得意分野である「ゼロから1をつくり出す力」のある人こそが、社会で活躍できる人になっていきます**。
　ここまで読んで、「今ないものをつくり出すなんて、そん

なむずかしいことできるの？」「わが子がそんな大人になれるとは思えない」と感じる方もいらっしゃるかもしれません。

そのように感じてしまうのも無理からぬことです。いかにはやく正確に、決められた解に到達できるかに主眼を置いた教育を受けてきた今の大人にとっては、「自ら発見・創造できる力」は、一部の人に授けられた才能のように思えるでしょう。

心配はいりません。「ゼロから1をつくり出す力」は、本来どの子ももっています。実際に、探究学習を通じて、子どもたちはさまざまな社会課題の解決に挑戦しています。なかには大人の想像を超える成果につなげた子どもたちもいます。

大人が思う以上に、子どもは柔軟で、無限の可能性を秘めています。教師や保護者ができるのは、その可能性が花開くために必要な力を身につけさせてあげることです。

では、具体的にどんな力が必要なのか。文部科学省では次の3つをあげています。

**Society 5.0において求められる力**
・文章や情報を正確に読み解き対話する力
・科学的に思考・吟味し活用する力
・価値を見つけ生み出す感性と力、好奇心・探求力

1つめと2つめはこれまでにも重視されていました。ポイントは3つめの「価値を見つけ生み出す感性と力、好奇心・探求力」。これこそが、探究学習を通して身につく力です。

## ゼロから1をつくる力×1を100にする力

　ゼロから1をつくり出すには、**主体的に問題を発見し解決していく力**を身につけることが不可欠です。

　探究学習での「探究」は、物事の本来の姿やあり方を探り、本質を明らかにする、あるいは見極めることを意味しています。

　**新たな視点、新たな発想で、新たな価値を生み出すベースとなるのが、「探究」する姿勢**なのです。

　とはいえ、「1を100にする力」がまったく必要なくなるわけではなく、生み出したものをバージョンアップする力も必要です。

　ですから、**これからは「ゼロから1をつくり出す力」と「1を100にする力」の両方が大切になっていく**と考えてください。

新たに生み出す力と、今あるものを改善する力の両方が必要。

# 世界と渡り合える 「発言力」を身につける

　どの国の人とも対等にコミュニケーションがとれて、人類の未来を牽引<sup>けんいん</sup>していく人になる。世界をよりよいステージへ引き上げていくグローバルリーダーになる。

　探究する姿勢が子どもの体の中に染み込んでいくと、そんな大きな目標も、決して遠い夢ではなくなります。

　活躍の舞台を国内からグローバルへと広げて、世界を相手に存分に自分の力を発揮する。そんな働き方も身近なキャリアのひとつになっていくでしょう。

## 世界へ意識を向ける子が増えていく！

　ここで、ユニセフ（国連児童基金）とギャラップ社が、世界21か国2万1000人を対象に行った2021年の意識調査を紹介します。調査は15〜24歳の世代と40歳以上の世代に分けて行われました。興味深いのは、「地域・国・世界のうち、自分はどこの一員と認識しているか」について聞いた質問です。

　その結果、「自分は国際社会の一員である」と認識している若者世代の割合（39%）は大人世代（22%）の約2倍となり、若い世代のほうがグローバル化の影響をより強く受けていることが示されました。

　**世界の若者たちの多くはすでに、自分は「国民」ではなく「地球市民」だと考えている**わけです。

それに対して、日本の若者たちは「地域」（23%）、「国」（54%）と回答した割合が多く、「世界」と答えたのは22%でした。

　日本の若者たちは、世界の若者と積極的に渡り合えない面がありますが、それもこの視点の違いゆえかもしれません。

　しかし、探究学習が日本の新たな根幹教育として根づけば、自分は地球市民だと考える若者が増えていくに違いありません。

## 国際社会で活躍するなら語学力だけでは足りない

　内閣府では、国際社会で活躍する人材がもつべき能力として、次のような力をあげています。

▶ グローバル社会で必要なスキル

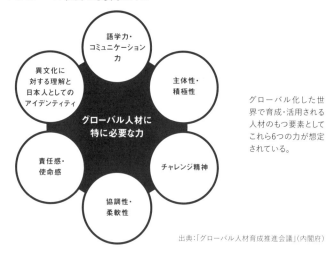

語学力・コミュニケーション力

主体性・積極性

異文化に対する理解と日本人としてのアイデンティティ

グローバル人材に特に必要な力

責任感・使命感

チャレンジ精神

協調性・柔軟性

グローバル化した世界で育成・活用される人材のもつ要素としてこれら6つの力が想定されている。

出典:「グローバル人材育成推進会議」(内閣府)

ほかにも、課題を見つけて解決する力、プレゼンテーション能力、自己肯定感などさまざまな力が必要になります。

　これまでの日本の教育は、こうした力の育成に対応しきれていない面がありましたが、今は違います。2020年度から本格的に始まった日本の教育改革は、「国際社会で活躍できる人の育成」により力を注ぐものへと変わったからです。「スーパーグローバルハイスクール（SGH）」という言葉を耳にしたことはないでしょうか？　SGHは国際的に活躍する人材の育成を重点的に行う高等学校を支援するために2014年から始まった制度です。

　2022年10月現在、文部科学省によって指定されているのは全国120校（国公立75校・私立45校）。指定校の多くでは、大学や企業、国際機関などと連携して、国内外研修や総合的・探究的な学習を行っています。

　SGHでは、**語学力のほか、社会課題に対する関心と深い教養、問題解決力、コミュニケーション能力といった国際社会で活躍する素養を身につける**ことを目的としています。

　ポイントは**国際力＝語学力に限らない**という点です。語学ができても、コミュニケーション能力や問題解決力がなければ、国際社会では活躍できません。

　**SGH指定校は早くから、語学力向上に加え、探究的学習を通じて課題解決能力やコミュニケーション能力、プレゼンテーション力を育成することに取り組んできました。**

　そして、学習指導要領改訂で、全国の高等学校が「探究」をベースとした同様の教育を行うようになりました。

## 世界と渡り合うためのトレーニングができる!

　探究学習では、子どもたちは見つけた課題や問題について、自ら進んで調べ、考え、解決法を見つけていきます。すると、物事への関心を広げ、「自分ごと」として捉えて深く思考し、軸となる自分の考えや意見をしっかりともてるようになります。

　グループワークやディスカッションで傾聴力や対話力を身につけ、仲間との協働についても学びます。さらに、考察したことを自分の言葉でプレゼンテーションする場、8000字や1万字の論文にまとめる作業も経験します。

　子ども自身が「必要だ!」と実感すれば、自ら進んで英語力を磨いていくようにもなります。

　つまり「探究学習」は、世界中の人と対等に意見を交わし、考えを伝え、発信していくトレーニングになるのです。

# 大学入試でも「探究」が志望校合格の可能性を広げる

　高校生の頃、大学受験を前にして、皆さんはどんな勉強をしていましたか？　過去問を解いて「傾向と対策」を頭に叩き込む。進学塾で教えてもらった解き方を完璧にマスターする。1点でも多く得点できるように、ひたすら暗記をする。こんな受験体験をおもちの方が多いのではないでしょうか。

　用意された選択肢の中から正解をより多く選んだ者が勝ち、というのが皆さんが経験した大学受験です。

　しかし、今はもう違います。以前のような暗記型の勉強法は、大学入試で通用しなくなっています。

## 「探究してきた学生」が求められている

　大学受験は、小・中・高での学びのゴールであると同時に、将来のキャリア形成の入り口でもあります。そのため、「探究」を核に据えた教育改革の大きな流れのなかで、大学受験も同時に改革されました。

　大学が求める人材像が変わり、それに伴って、大学側が入試で測りたい学力もかつてと違ってきています。

　例として東京大学を見てみましょう。アドミッションポリシー（入学者の受入れに関する方針）では、求める人材をこのように明言しています。

## 東京大学のアドミッションポリシー

入学試験の得点だけを意識した、視野の狭い受験勉強のみに意を注ぐ人よりも、学校の授業の内外で、自らの興味・関心を生かして幅広く学び、その過程で見出されるに違いない諸問題を関連づける広い視野、あるいは自らの問題意識を掘り下げて追究するための深い洞察力を真剣に獲得しようとする人を東京大学は歓迎します。

　まさに、探究型の学びをしっかりやってきた人を歓迎すると、書かれているのです。この傾向は国公立・私立にかかわらず、多くの大学に共通します。

## 共通テストも知識を増やすだけでは対応できない

　大学側が求めている人材が変わってきていることで、受験の形態もペーパー試験一辺倒ではなくなりました。

　現在の大学入試で用意されている選抜方法は大きく3種類。**「一般選抜」「学校推薦型選抜」「総合型選抜」**です。「一般選抜」（かつての「一般入試」）は、大学入試センターが実施する「大学入学共通テスト」と、各大学が独自に実施する「個別学力検査」や「一般選抜試験」の合計点で合否が決まります。多くの人がイメージする大学受験がこれでしょう。

▶ 新しい大学入試の選抜方法

| 一般選抜 | 学校推薦型選抜 | 総合型選抜 |
|---|---|---|
| 「大学入学共通テスト」と各大学の「一般選抜試験」「個別学力検査」で選抜。 | 学校長の推薦による選抜。志望動機も重視される。「指定校制」と「公募制」がある。 | 基礎学力のほか、課外活動や将来のビジョンなど、志望者の意欲や表現能力を重視する選抜。 |

　「大学入学共通テスト」はかつて「大学入試センター試験」と呼ばれていたもので、2020年度の大学入試改革で名称が変わりました。そして、名称が変わると同時に、出題傾向も変わっています。

　マークシート方式である点は変わりませんが、出題される問題は、**「問題解決のプロセスを選択しながら解答する」「複数の資料から情報を組み合わせて判断する」「日常生活と結びつけて思考する」といった思考力・読解力・判断力・想像力が求められる内容**になっています。

　個別学力検査や一般選抜試験は、論理的思考力・判断力・表現力を問う高度な記述式問題が中心です。

　つまり、**「どのくらいたくさんの知識をもっているか」に加え、「多くの情報を読み解き、もっている知識を組み合わせて、どのように解を導き出すか」が問われる**ようになったのです。

　東京大学のアドミッションポリシーにある「入学試験の得点だけを意識した、視野の狭い受験勉強」では、志望校合格はむずかしくなっているのです。

## 探究は大学入学への門戸を広げてくれる！

　ただし、大学入試がこのように変わったことは、子どもたちにとって悪いことではありません。保護者も教師も、いたずらに心配する必要はないのです。

　一般選抜において探究型の設問が増えているとはいえ、それらの設問に答えるためには各教科の力をつけることも不可欠です。その意味では、これまでのように教科学習にもきちんと取り組んでおくことが大切です。

　一方で、**中学・高校で取り組んできた探究学習を活かして志望する大学に入る道も用意されている**のです。

　それが、以前は「AO入試」と呼ばれていた「**総合型選抜**」です。総合型選抜は、大学側が求める人物像（アドミッションポリシー）にマッチした学生を選抜することが目的です。そのため選考方法も大学によって個性化しています。

　基本的な選考方法は、書類選考（調査書・志望理由書・活動報告書）と小論文、面接で、そこにプレゼンテーションやグループディスカッション、模擬講義などが加わることもあります。

　ただいずれにしても、**学習成績以上に「何に取り組んできたか」「それによってどのような学びがあったか」「それを活かして大学で何を学びたいのか」が重視されます**。つまり、**「総合型選抜」は、探究を深めてきた子ほど挑戦しやすい**といえます。

　しかも「総合型選抜」の入学枠は増えています。国公立大学で総合型選抜を実施しているのは約8割、私立大学では約

9割にのぼり、この先も増えていく可能性が高いのです。

　高校時代に探究学習で何かに打ち込んだ経験があり、入学後の目標やビジョンを具体的にもっている子、特定の大学・学部を志望する動機と意欲を強くもっている子は、総合型選抜での受験に向いています。

　こうした子たちは、学びへのモチベーションも違います。「どうしても、この大学に行きたい」「この分野を学びたい」との強い思いがあるので、教科学習にもしっかり取り組むようになります。**結果的に一般選抜や学校推薦型選抜も選択できるぐらいの力がついていき、受験の選択肢が広がります。**大学入学の門戸もそのぶん広がっていくわけです。

## 志望大入学が「通過点」になる

　探究を通じて将来やりたいことを見つけ、それを実現するために、必要な学びが深められる大学・学部を選択する。「これがしたいから、この大学のこの学部に行きたい」というモチベーション重視の大学選びができるようになる。

　**探究学習を続けていると、ブランドや偏差値ではなく、将来のキャリアを視野に入れ、目的をもった大学進学ができるようになります。**その延長で、より自分らしい働き方や仕事を選べるようにもなります。

　つまり、**「探究する力」をつけておくことは、人生の選択肢を広げていくことにもつながる**のです。その先に待っているのは、目的をもって生きることができる充実した人生です。

　自分で自分の未来を切り開いていく力が必要となる時代

に、「学歴さえつけておけば何とかなる」は通用しません。ご存じの通り、「大企業だから安泰」も保証されなくなりました。

　大学に入る意味も大学での学び方も仕事選びも、すべてがこれまでとは変わりました。**大学進学は、自分自身の人生を探究するプロセスの一環にすぎない**のです。

　言い換えれば、**大学進学とキャリアがいっそう強く結びつくようになってきている**わけで、大学進学の本来あるべき姿に戻ったといえます。

　「〇〇大学に入ること」が最終目的ではなく、「〇〇大学に入って××を学び、△△をやりたい」が目標になり、大学が先に続く人生の通過点となる。

　このような視点で子どもの大学進学を考えていくと、大学の選び方も、ブランドや学歴とは違った目線で見ていくことができるのではないでしょうか。

# 「ゆとり教育」から「探究学習」へ

　現在に至るまで、日本の教育は幾度かの改革が行われています。そのなかでも、とくに思い切った改革だったといってよいのが「ゆとり教育」です。

　ゆとり教育が行われたのは2002年から2011年にかけて。この大改革の背景には、膨大な量の知識を詰め込む教育と、過熱する大学受験戦争の見直しがありました。そのため「勉強量を減らす」という、それまでにないチャレンジングな教育改革が進められたのです。

　この間に義務教育を受けた世代はよくも悪くも「ゆとり世代」と呼ばれます。よくも悪くもと言ったのは、社会人としてのゆとり世代、ひいては「ゆとり教育」そのものへの評価が、賛否両論あって結論が出ていないからです。

## ゆとり教育が生んだ日本人の学力低下

　ゆとり教育の最たる特徴は、授業時間数と教科内容を大幅に減らしたことです。授業内容は3割減り、学校週5日制もこのときにスタートしています。

　目指したのは、ゆとりをもたせた教育で子どもたちの「生きる力」を育むこと。学習時間と学習内容を減らし、個人のペースに合わせた学びができるようにと考えたわけです。

　その結果どうなったかは、多くの方がご存じでしょう。**チ**

ャレンジングな「**ゆとり教育**」**の改革には、子どもたちの学力低下という結果が待っていました**。その事実は、3年おきに実施される「PISA調査（国際学習到達度調査)」で明らかになりました。

　PISA調査は、OECD（経済協力開発機構）加盟国を中心とした国々の15歳を対象に、「読解力」「数学的リテラシー」「科学的リテラシー」の3分野で習熟度を測る調査です。

　初回の2000年調査では「読解力」は8位だったものの、「数学的リテラシー」は1位、「科学的リテラシー」は2位という誇らしい結果でした。

　ところが、**ゆとり教育導入後の2003年調査、2006年調査では、どんどん順位が下がっていってしまった**のです。

▶ PISA調査における日本の得点とランキングの推移

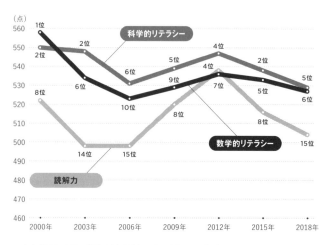

出典：「OECD生徒の学習到達度調査(PISA)国際結果の要約」(文部科学省、国立教育政策研究所)

2003年調査では、「読解力」は8位から14位、「数学的リテラシー」は1位から6位へと低下。2006年調査では、「科学的リテラシー」が2位から6位、「読解力」は14位から15位、「数学的リテラシー」も6位から10位に低下しました。

　これがきっかけとなって「脱ゆとり」の声が大きくなり、導入から6年後の2008年には、早くも学習量と学習内容を再び増やす方向へと揺り戻されました。

## ゆとり教育は今に通じる出発点だった？

　ただ、だからといって「ゆとり教育は失敗だったのか」というと、必ずしもそう言い切れない側面があります。

　国際的な学力低下が起こったことは事実ですが、ゆとり教育が掲げた教育方針は、現在も引き継がれているからです。「自ら学び自ら考える力」や「生きる力」の文言が表立って登場したのも、ゆとり教育からです。

　**教育にゆとりをもたせ、多種多様な経験ができるようにして人間性を育む。教科学習に割かれる時間を減らすことで「考える時間」をつくり、物事を自分の頭で考えられる人に育てる。それによって、「生きる力」をつけていく。**

　ゆとり教育が目指した「自ら学び考える力」「生きる力」「豊かな人間性」の育成は、「探究」という新たな視点を盛り込んだ現在の教育改革でも発展型として引き継がれています。

　2020年度に小学校から導入が始まった新学習指導要領では、子どもたちの中に育んでいきたい資質・能力として次の3つを掲げています。

子どもたちの中に育てたいと考えていることは、基本的に変わっていないことがわかるでしょう。

また、あえて言うなら「ゆとり教育こそが探究の生みの親」でもあります。意外に思われるかもしれませんが、横断的・総合的な学習の時間として、小学3年生以上に「総合的な学習の時間」が創設されたのが、ゆとり教育からなのです。

ゆとり教育は、AI社会の到来に備え、体験を通じて自分の頭で考える課題解決型授業への分岐点でもあったわけです。

## 探究学習から育まれる新たな時代の「生きる力」

変動性が高く、複雑で曖昧、不確実な時代を前に、子どもたちに身につけてもらいたい「生きる力」も変わりました。

**常識やスタンダードから離れて、新たな視点で解決策を見出していく力、あらゆるもの・人とつながりイノベーションをつくり出していく力が、これから必要な「生きる力」です。**

だからこそ、今、「探究」が重要視されているのです。

大改正された新しい教育改革では、高校の「総合的な学習の時間」が、2022年度から「総合的な探究の時間」に変更

されました。日本史探究や古典探究のように、探究の二文字が加えられた科目も増えています。あわせて、高校と大学の学びを結びつける「高大連携」も強化されました。

　ゆとり教育で掲げられた「自ら学び自ら考える力」も具体化され、「アクティブ・ラーニング」をキーワードに、「主体的で対話的で深い学び」ができるよう探究的な学習が取り入れられました。小学校・中学校の「総合的な学習の時間」も、高校の探究学習の準備段階に位置づけられています。

　このように小中高の学校教育とその先の大学での学び、社会での生き方まで、「探究」を縦軸としてつながっていることをぜひ理解しておいてください。

▶ 主体的・対話的で深い学びが目指すもの

一つひとつの知識がつながり「わかった!」「おもしろい!」と思える。

見通しをもって、粘り強く取り組む力が身につく。

周りの人たちとともに考え、学び、新しい発見や豊かな発想が生まれる。

自分の学びを振り返り、次の学びや生活に生かす。

出典：文部科学省資料

# 学校・家庭・企業の「協育」で、
# 社会で活躍する子を育てる

　もし、太陽光パネルつきの自動販売機があったら？

　もし、自動販売機に翻訳機能がついていたら？

　もし、自動販売機に入れたお金の一部で募金ができたら？

　ここについている「もし」がなくなり、本当にこんな自動販売機が登場したら、世の中はどう変わるでしょうか。

　太陽光パネルで動けば、昼間に使われる電力が節約できます。翻訳機能がついていたら、どんな国の人でも中身がわかり、ほしいものが選べるようになります。自動販売機に入れたお金から寄付ができたら、飲み物を買いながら世界中の困っている人たちへの支援ができます。

　すなわち、街中の至るところにある自動販売機が、地球にも人にもやさしい次世代マシンに変身するのです。

　これが実用化されて、日本発の「地球にも人にもやさしいベンディングマシン」として海外展開できたら、自動車に次ぐ未来の一大輸出産業になるかもしれません。

## 企業の協力でアイデアが広がる

　じつはこれらのアイデアを考えついたのは小学生の子どもたち。第4章でも紹介する大阪府の東香里小学校の6年生たちです（→P.138）。

　冷凍食品が買える自動販売機「ど冷えもん」を製造・販売

している企業の協力で、実物を学校に置いてもらい、体験してみたことで出てきたアイデアの一部です。

　小学生のやわらかい頭だからこそ生まれたアイデアともいえますが、柔軟な発想が次々と生まれてきたのは、企業の協力があったからこそです。

　このように、**小学生のうちから実社会とつながる経験を重ねていけば、探究力が磨かれ、中学・高校での探究学習も深いものになります。**

　デジタルネイティブの子どもたちにとって、アイデアとテクノロジーを組み合わせるのはお手のもの。小学校からプログラミングにも取り組むので、これまでにない仕組みやサービスをつくり出して、世の中を変えていくかもしれません。

## 高校では企業協業型プログラムも増えてきた

　探究学習は課題解決型学習（→P.57）であり、その目標のひとつは、**実際に世の中に出て活躍できる人を育てること**です。解決が待たれている社会課題が世の中にはまだまだあります。

　けれども学校が生活の中心になっている子どもたちは、世の中がどのようにして動いているのか、企業はどのようにして商品を生み出しているのか、世の中にはどのくらい多様な人たちがいるのかなど、実社会を知る機会がほとんどありません。

　社会がわからなければ、社会課題を見つけたり、解決策を考えたりするハードルも高くなります。

ここで必要になるのが、企業と連携した「**協育**」です。**これまで学校と家庭だけで行ってきた教育から、企業の力を借りた「協育」へ**。これは、いわば学校・家庭・企業がパートナーシップを組んだ人材育成プロジェクトです。

　実際、一部の私立高校や中高一貫校の探究学習では、もうすでに企業からのミッションを受け、グループで解決策を考えてプレゼンテーションするスタイルの探究学習が導入されています。

　参考までに企業からのミッションの一例をあげましょう。

**企業からのミッションをもとにした探究学習**

・女子高生にウケそうな機能的コンビニスイーツを企画する
・地元フリーペーパーの拡販につながるYouTubeでのドラマシリーズを企画する
・制服の余り布を活用したアップサイクル（創造的再利用）商品の考案と売上金のSDGs的な活用を考える
・「生きている実感」が湧き上がる家電メーカーの新事業を提案する

　アイデア次第では、そのまま商品化や事業化につながりそうな実践的なミッションが並んでいます。

**社会の一端がわかり、キャリア教育にもなる**

　高校生も、リサーチやフィールドワークで情報を集め、情報を分析・解析して、どこに可能性があるかを真剣に考えて

いきます。

　しかも最後は、自分たちで考えたアイデアを企業担当者にプレゼンテーションしなくてはなりません。実社会で働く大人たちからのフィードバックもあります。

　こうした探究活動のなかで、子どもたちは実社会の一端を知ることができるのです。**子どもが企業とつながることで、キャリア教育ができる**という点も見逃せません。

「総合的な学習の時間」から「総合的な探究の時間」に変わったことで、今後も企業とコラボレーションした「協育」は増えていくでしょう。

　それが全国の小中学校にも拡大していったら、社会に潜む課題とその解決策を鋭く見つけられる子どもたちが、日本中で育っていくに違いありません。

▶ **教育から協育へ**

学校と家庭だけが担っていた「教育」から企業も子どもを育てる「協育」へとシフトしている。

# 「探究心」の芽が世界へと広がる

「争いや差別がなくなり誰もが安全に、平和に暮らせる社会」や「貧富の差に関係なく、すべての人が夢を実現できる社会」。**多くの人が望む理想の社会に近づくには、「未来と世界を変えたい」と本気で考え、行動するイノベーターが必要です。**

「そのイノベーターに、どの子もなれますよ」と言われたらどうでしょうか？　可能性は十分にあります。

今の子どもたちは、学校教育のなかでSDGsを学んでいます。同世代の子がSNSでジェンダーや環境問題について発信する姿を見るのも、彼らにとっては日常です。**大人世代が思う以上に、「社会や世界を変えたい」と本気で思っている子は少なくありません。**だから、あとは学ぶだけなのです。

探究学習は、イノベーターになるためのプロセスを身につける学びの場でもあります。しかも日本に留まらず、世界が目指している「21世紀の学びのかたち」なのです。

## 21世紀を生きるための世界的なスキルとは？

OECDは2019年、2030年に向けた学習の枠組みである『OECDラーニング・コンパス2030』を公表しました。これは、学習者が可能性を発揮し、地域や地球の幸福に貢献するために必要な知識、スキル、態度、価値観を定義したものです。

ラーニング・コンパスは、全世界に共通する「21世紀の学びのかたち」、子どもたちが身につけておきたい資質・能力のグローバルスタンダードです。

　コンパスの中に書かれているのは、「よりよい未来の創造に向けた変革を起こすコンピテンシー」と、それを構成する要素です。具体的には「新たな価値を創造する力」「対立やジレンマに対処する力」「責任ある行動をとる力」の3つが変革のためのコンピテンシー。そして、それらをつくるのが「知識」「価値」「スキル」「態度」の4つとしています。

　また「行動」と「振り返り」と「見通し」を常にくり返しながら、変革のための資質・能力を高めることが大切であると、コンパスの外側の矢印で説明しています。

▶ OECDのラーニング・コンパス

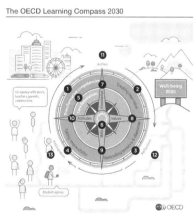

The OECD Learning Compass 2030

❶ よりよい未来の創造に向けた変革を起こすコンピテンシー

❷ 新たな価値を創造する力

❸ 対立やジレンマに対処する力

❹ 責任ある行動をとる力

❺ 学びの中核的な基盤

❻ コンピテンシー（知識、スキル、態度、価値を含む包括的概念）

❼ 知識

❽ 価値

❾ スキル

❿ 態度

⓫ 行動

⓬ 振り返り

⓭ 見通し

出典：OECD Future of Education and Skills 2030

そのようにして道を進み、たどり着いた先にあるのが「**ウ
ェルビーイング**」です。「ウェルビーイング」とは、健康で
幸福であること。一人ひとりのウェルビーイングはもちろん
のこと、社会と世界、さらには地球全体のウェルビーイング
につなげていくことが目標です。

　これからの子どもたちにどのような力が必要かが、このラ
ーニング・コンパスに示されているのです。

## OECDを動かした日本の子どもたち

　この世界共通の羅針盤誕生に、じつは日本の子どもたちが
取り組んだ探究型プロジェクトが大きく関与している。そう
聞いたら、驚かれる人が多いことでしょう。

　ラーニング・コンパスは、OECDが2015年から取り組ん
だプロジェクト「Education 2030」の最終成果として生まれ
ました。「Education 2030」の目的は、複雑で予測困難な
2030年の世界を生き抜くため、世界中の子どもたちにどの
ような資質や能力が必要となるか、またそれらをどのように
育成するかを検討するという壮大なものです。

　**この「Education 2030」のプロジェクト誕生のきっかけ
が、なんと東日本大震災と福島原発事故後、地域復興プロジ
ェクトに取り組んだ中高生たちの存在だったのです。**

　震災と原発事故が起こった2011年の夏、OECDは東北の
復興支援を目的に、被災地の中高生を対象とした地域復興プ
ロジェクトをスタートさせました。

　このプロジェクトは、「**OECD東北スクール**」と名づけら

れ、2年半にわたって、子どもたち主体のアクティブ・ラーニングが進められていきました。

　プロジェクトのゴールは、2014年にパリで東北の魅力をアピールするイベントを開くこと。

　集まったのは、自ら手をあげて参加を希望した子どもたちです。とはいえ、典型的な日本型の教育を受けてきた子がほとんどですから、当然ながら試行錯誤や困難の連続でした。

　それでも子どもたちは、地域の人、企業、NPO、有識者や学識者など、外部の人と協働しながら、押し寄せる問題や課題を一つひとつ解決し、パリでのイベントを大成功させ、見事プロジェクトをやり遂げました。

　このときの取り組みと、子どもたちの目覚ましい成長を受けて「Education 2030」が誕生し、その成果が世界標準のラーニング・コンパスにも生かされているのです。

## 「探究」の後押しから変革者が生まれる

「Education 2030」が目指した方向性は、日本で今進められている教育改革にも取り入れられています。中高生の探究的な取り組みが、世界の教育スタンダートとなり、現在の日本の教育改革にもつながっているわけです。

　また、ラーニング・コンパスにある**「Co-agency」**（共同エージェンジー）は、OECD東北スクールにおける「協働」のあり方にもとづいて加えられました。Co-agencyは、**保護者、教師、コミュニティ、生徒同士が支え合い、子どもが社会への責任感をもちながら学びを深めていく道のりを支援す**

るという考え方で、新しく加わった概念です。

　Co-agencyでは、**周囲にいる人たちや仲間、あるいは企業やNPOなどと積極的に関わりながら、21世紀を担う人になるために必要な資質・能力を身につけること**が大切であるとされています。

　OECD東北スクールの子どもたちがプロジェクトを進めていくなかで身につけた力、たとえば**発想力、チームワーク、マネジメント力、対話力、課題解決力などは、この先、間違いなく「なくてはならない力」**になっていきます。

　課題が山積みの国際社会、そして、混とんとした日本社会を生きる子どもたちは、「社会を変えたい、変えないと自分たちの未来が危うい」という意識をもっています。

　学校教育ではすでに、そのための力を身につけ、伸ばすための探究学習が始まっています。

　これからは、子どもを取り巻くさまざまな人たちが伴走者として子どもの学びを後押しすること、「協育」していくことが求められています。

　ぜひ伴走者として、子どもたちの探究的学びを後押ししてあげてください。**「世界を変えたい」という意識を行動に変えていくためのプロセスを学ぶのが学校だとしたら、その学びをサポートするのが保護者の役割です**。具体的に家庭で何をしてあげればいいかは、ぜひ第5章を参考にしてください。「探究心の芽」が育っていくように手助けしていけば、子どもたちは、数十年後、世界を変える変革者になっているはずです。

第 **2** 章

学ぶのが楽しくなる!
「探究学習」の
すすめ

思考力、創造力、協調性、プレゼン力…
探究的な学びを通して身につく力は数多くあります
また、探究学習は教科の成績や進路にもよい影響があります
子どもの力を大きく伸ばす
探究学習のメリットについて紹介します

# これからの社会を生きる力を養う「未来創造探究」

　前章で触れたように、時代は大きな転換点を迎えています。生きるために必要な力も、かつてと様変わりしています。

　正解のない問題に対処していく力、あるいは潜んでいる課題を見つけ出して、新しい解決法をつくり出していく力、そうした力を身につけていくほど未来が開ける。そんな時代が、すでに始まっています。

　**自分にとっての、社会にとっての、世界にとっての「ウェルビーイング」にいかに近づくか**。これが、これからの子どもたちの課題です。**あらゆる人が幸福になれる未来をつくり出すことが、彼らのミッションになっていくのです**。

## 従来の学習と探究学習はここが違う！

　探究学習の利点は、**来る未来に備えて、子どものもっている可能性をさまざまに引き出してあげられる**点です。

　どのように進めるかは次章に譲りますが、学びの方法は今までの学習と大きく異なります。いちばんの相違は、**「やらされ感」がない、アウトプット主体の学習である**点です。

　従来の学校の授業は、教師が教壇に立って重要点を板書し、それをノートに書き写すスタイルが中心でした。児童・生徒は黙って教師の解説を聞き、口を開くのは質問をするときか教師の質問に答えるときだけ。こうした一方通行型のイ

ンプットベースの授業が教科ごとに行われてきました。

対して探究的な学習は、自分で課題を探し、その課題に対する解答（解決策）を見つけていく学習スタイルです。そこでは、**これまで覚えてきた知識を活用し、ディスカッションやグループワークを通じて多角的に考え、解答を出していくなど、アウトプットが中心となります。**

前者の**教科別インプットベースの学習はSBL（Subject-based Learning）**、日本語では「**科目進行型学習**」と呼ばれています。一方の**探究的な学習はPBL（Project-based Learning）**と呼ばれます。日本語に訳せば「**課題解決型学習**」です。

基礎的な知識を覚えてから応用的な知識を習得し、最後に問題を解いて知識の定着を図るのが「SBL」、まず課題ありきで、課題への解決策を見つけていくプロセス自体が学びとなっているのが「PBL」と理解してください。

なお、同じPBLでも「問題解決型学習（Problem-based Learning）」は、あらかじめ解決すべき問題が設定されている点が課題解決型学習とは異なります。

▶ 課題解決型学習と科目進行型学習の違い

| | 課題解決型学習（PBL） | 科目進行型学習（SBL） |
|---|---|---|
| 学習の目的 | 課題の発見と解決策の提案 | 知識の習得 |
| 学習の順番 | 仮説→検証 | 基礎→応用 |
| 解答 | 複数ありえる | ひとつ |
| 学習のスタイル | 個人学習またはグループ学習 | 教師による授業 |

## 教科学習の知識が有機的につながる

では、これまでのようなインプットベースの教科学習はいらないのかというと、そうではありません。知識を手に入れ、積み重ねていく学習は、探究学習のベースにもなるからです。

でもそれが、ただ覚えるだけ、ひとつの正解を見つけるだけになってしまうと、子どもはやはり楽しくありません。苦手な教科ほど苦痛になります。

探究的な学びは、さまざまなことを能動的に調べたり、体験したりしていくなかで、「あ、そうだったんだ！」「こうなっていたのか」と気づきが得られます。**知らなかったことを知る快感は、子どもをワクワクさせてくれます。**

また、調べたことを分析し、解決策を考える過程では、教科ごとに習ったことが、有機的につながっていきます。「**つまらない**」と思って聞いていた授業内容が「使える」と気づく。その実感は、教科学習へのモチベーションを高めます。

探究的学びを、よりレベルの高いものにしていくには、それぞれの教科で学ぶ基礎知識が不可欠です。教科学習と探究学習が両輪で回ってこそ、探究力が大きく育っていくのです。

## 「調べる」ことで視野が広がる

探究は、身の回りの物事を調べることから始まります。「調べ学習」は、「単に調べてまとめるだけ」とネガティブに捉えられることもありますが、探究学習は調べ学習なしには

成り立ちません。

　自分なりの観点で考えたり、課題を見つけたりするために、調べ学習は必須です。

　調べ学習は、子どもの視野を広げることにも役立ちます。探究学習では、興味や関心がある物事に対して仮説を立て、インターネットや文献、フィールドワークで調べて仮説を検証していきますが、高校生であっても興味・関心の対象は限られていて、知らないことがたくさんあります。

　**調べ学習で深掘りしていくなかで、知識と情報が増えると、新たな仮説が生まれ、関心の対象が広がり、視座と視野が広がっていきます。**社会を広く見渡せるようになります。**「ゼロから1をつくり出す」ためのスタートは、現状をしっかりリサーチして把握すること。**とことん調べ学習をすることは、その土台づくりになるのです。

## 「調べる＋α」ができるから、おもしろい！

　調べ学習が大事な理由の2つめは、**とことん調べて集めた知識や情報が、料理の仕方次第で新しい価値をつくり出す材料になる**という点です。

　もちろん、調べた内容を単純に分類して、「こうでした」で終わらせてしまったら、価値ある情報にはできません。

　たとえばサッカー好きで、サッカー漫画の『キャプテン翼』を調べ学習のテーマに選んだとします。調べたことをもとに、「『キャプテン翼』のキャラクター図鑑」という切り口でまとめても、そこからはなかなか新たな発見は生まれてこ

ないでしょう。

　でも、漫画のタイトルからヒントを得て、キャプテンシーを切り口に登場人物を分析したらどうでしょうか。主人公の大空翼やライバルたちのリーダーシップの違いを分析し、実際のビジネスリーダーたちと比較するといった調べ学習が可能になります。

　さらに、調べた情報から、「リーダーシップとこれからの社会のあり方」を切り口にして考えていけば、新たな時代に必要なリーダーシップを見出していく材料にできます。

　このように「調べ学習」は決して無駄なものではありません。むしろ、自分が興味をもったもの・ことから、いかに価値を見出すかを考えるために、なくてはならないものです。

## 新しい発見があってクリエイティブだから楽しい！

　調べた情報を自分なりの切り口でおもしろくまとめる。その切り口から、さらに調べを進めて、かけ算で知識と情報を増やしていく。そこから新しい何かを発見したり、「これだ！」と思える課題が見つかったりする。ここが、探究のおもしろさのひとつです。

　また、**調べた情報をどう切り取ったらおもしろくできるか、どうまとめたら価値ある情報になっていくかを考える作業は、クリエイティビティも刺激されます。**

　探究学習は、発見と創造に満ちています。この章では、探究学習が子どもたちの能力をどのように伸ばし、未来につながる力を育ててくれるのかを紹介していきましょう。

# 子どものやる気に火をつける 「内発的動機」が育つ

「勉強はつまらない。なんでやらなきゃいけないの？」と思っている子どもは、たくさんいるはずです。皆さんも、子どもから「勉強する意味ってなに？」「なんで必要なの？」と問われて、返答に窮した経験はないでしょうか。

なかには「勉強、大好き！」という子もいるかもしれませんが、全体からするとやはり少数派。多くの子どもにとって、椅子に座って教師の話を聞くだけの授業は、どうしてもモチベーションが上がりにくいものです。

けれども今は、小中高の教科学習でも、教師が最初にレクチャーし、タブレットなどのICT（情報通信技術）を使って調べたり、グループで学習を深め合ったりするなど、探究的学びの要素が取り入れられ始めています。そうなると「勉強はおもしろい、楽しい！」と思う子が増えていくでしょう。

なぜなら探究的学びは、これまで多かった「やらされる」勉強とはまったく違うからです。

## 必要な力を身につけるには前提条件がある

教科学習から得た知識を、探究学習の時間で能動的に教科横断的に活用していく。現在は、そんな学習のかたちがスタンダードになりつつあります。

今、子どもたちが身につけていこうとしているのは、「21

世紀型能力」と呼ばれるものです。「21世紀型能力」では、ICTのスキルも含めた教科学習での知識・技能を基礎として、論理的・創造的・俯瞰的に考えることができる力、そこから自分のキャリアを形成する、他者とコミュニケーションをとりながら多様な人と協働して社会をつくる、といった実践に結びつける力が必要とされています。これは、受け身の授業では育っていきません。

探究学習の目的は、学力に留まらない、コミュニケーション能力、実行力、クリエイティブ力といった、数値で測れない「非認知能力」の育成です。そこを目指して学校の勉強も変わってきているのです。

とはいえ、授業が変わっても、能力をしっかり身につけるには、欠かすことのできない前提条件があります。子どもたち自身が、「自ら学ぼう」と主体的になることです。

## 学ぶ原動力となるカギは「内発的動機」

モチベーションは、学びの原動力です。

探究学習では、教師から「このテーマで考えなさい」「この課題を解決しなさい」といった指示はありません。たとえばSDGsという考えるための枠組みを提示するなど、教師が後押しやサポートをすることはあっても、すべては自分主導です。大変だけれど、やりがいがあって、つくり上げていく実感がもてる。だからこそ、モチベーションが上がります。

子どもたちは探究学習を通して、自分で考えて仮説を立て、検証し、何かを発見する醍醐味も知るでしょう。これは

「やらされる」勉強では味わえないものです。

　動機には2種類あります。ひとつは、「やれと言われたからやる」「必要と言われたからやる」、あるいは「テストでいい点をとるとほめられるから」「成績が上がるとご褒美がもらえるから」勉強する。**こうした外からの要因による動機が「外発的動機」です。**

　外発的動機は、モチベーションに火をつけるものが自分の内にはないため、火をつけるものがなくなってしまえば、やる気が続かなくなります。

　一方、**物事に対する興味や探究心、達成感など、自分の心に芽生えた動機を「内発的動機」といいます。**内発的動機はやる気の着火剤が自分の内にあるため、やる気の火が消えることはありません。

　**主体的に学び、すべてを「自分の力」として身につけ、失敗さえも「トライ・アンド・エラー」で次につなげる力に変えていく。**そうしたことができるようにもなるのです。

## 「自ら動く」からこそ驚くほどの力を発揮する

　内発的動機で動き始めると、子どもたちは大人も驚くほどの力を見せます。

　第1章で紹介した「OECD東北スクール」の子どもたちがよい例ですが、ほかにも、探究プロジェクトを成功させるためにクラウドファンディングで資金集めを始める、自分で交渉してスポンサーを見つけてくる、その分野の専門家とやり取りしてインタビューアポをとるなど、頼もしい行動力を発揮する子は少なくありません。

　皆さんは、「参画のはしご」をご存じでしょうか？　「参画のはしご」は、アメリカの環境心理学者ロジャー・ハートが提唱した理論で、子どもを社会の一員にするため、どう関わらせていけばよいかを段階的に示したものです。

「参画」は「計画に携わること」ですが、ロジャー・ハートは参画の段階を8つに分けています。

　下から3つの「操り参画」「お飾り参画」「形だけの参画」は「非参画」、つまり形だけ参画しているようで、実際はほとんど計画に携わっていない状態です。

　下から4つめからが本当の意味での「参画」とされています。そして、上の2段には「子どもが主体的に取りかかり」とあります。

　探究学習が目指す参画がこれです。この段階まで来ると、大人に言われなくても、自分で動いてプロジェクトを前に進めようとします。実社会の一員として課題解決に取り組む姿勢が養われるのです。

主体的に取り組んで「やっている感」や「やりとげた感」を体験した子は、その後も能動的にさまざまなことに取り組むようになります。

　探究学習で得た「自ら取り組む」姿勢は、他教科はもちろん、生涯にわたって学ぶ原動力となるのです。

▶ 参画のはしご

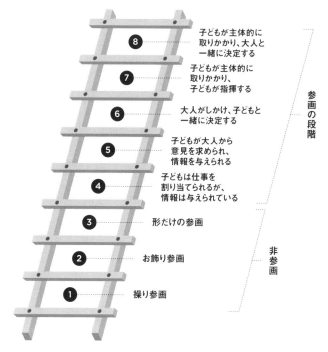

8　子どもが主体的に取りかかり、大人と一緒に決定する

7　子どもが主体的に取りかかり、子どもが指揮する

6　大人がしかけ、子どもと一緒に決定する

5　子どもが大人から意見を求められ、情報を与えられる

4　子どもは仕事を割り当てられるが、情報は与えられている

3　形だけの参画

2　お飾り参画

1　操り参画

参画の段階

非参画

下段の3つは本当の意味での参画とはいえず、上段にいくほど参画の度合いが高まる。

出典:『子どもの参画』(萌文社)

# 探究学習で身につく
# 思考力・協調性

「具体的に、探究学習でどんな力がつくの?」と気になっている方もいることでしょう。

はやく知りたいという方のために、どのような力がつくかを先にお伝えしておくと、探究することで、こんな力が子どもたちに育っていきます。

---

**探究学習で身につく力**

1　未来から今を考える力
2　さまざまな角度から思考する力
3　知識を総動員して解を見つける力
4　異なる意見を聞いて取り込む力
5　情報リテラシー

---

自分主導の能動的な学習に取り組むことで、思考力や行動力がついていくだろうことは、想像がつくと思います。

さらに探究的学びには、従来型の授業にはなかった特徴があります。

それが、**未来から今を考える「バックキャスティング」で課題や解決策を考える**こと、そして**課題の解決策を仲間とともに考えていく協働的な学びで進める**点です。

なかでもグループワーク中心となっている点は、子どもた

ちの成長を大きく促してくれます。

　単に協調性が育つというだけではありません。グループワークでは、**多様な意見を聞いて、思考を深める、妥当解を見つけ出す**といったことも経験します。これらはチームでプロジェクトを進める、提携や対外協力を得ながら事業を前進させるなど、実社会でも求められるスキルです。

　では、それぞれの力について、もう少し詳しく見ていきましょう。

## 身につく力1：未来から今を考える力

　探究学習での課題は、未来をキーワードにして見つけていくのが基本です。「どのような未来をつくりたいか」を考え、そのために必要なものは何か、自分は何をしていくのかを逆算して、取り組む課題を見つけ出していくのです。

　この手法は「**バックキャスティング**」と呼ばれます。

　**最初に目標とする未来像を描き、それを実現するための道筋を、未来から現在へと逆にたどって、現状取り組むべき課題を見出す課題解決の思考法**です。

　ビジネスの世界でも、予測不能な時代に対応していくための重要な考え方として、バックキャスティングが注目されています。

　子どものうちに未来から今を考える力がついていけば、実社会のなかでも、将来起こるであろう変化や変革に対し、有効な課題解決策を考えていける人になるでしょう。

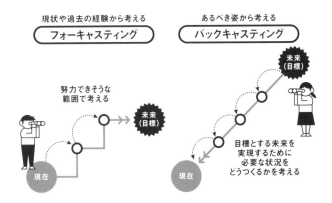

現状から考えるフォーキャスティングに対し、バックキャスティングは未来の目標から逆算していく。

## 身につく力2：さまざまな角度から思考する力

　課題を見つけ、その解決策を考えるための調べ学習では、さまざまな情報を調査・収集することが必要です。多彩な情報から、自分で問いを立てて課題を発見する。そして仮説を立てて、さらに調査を進め検証していく。そのくり返しを通じて、「ああでもない、こうでもない」と多角的に考えていく力が養われます。

　またグループワークでは、自分の考えや立てた仮説を持ち寄り、みんなで検討し合います。そこでは、それぞれが自分の考えたこと、発見したことを述べ合います。

　自分とは異なる考え方や発想に広く触れることができるの

で、刺激されたり、新たな気づきにつながったりします。自分の考えや発想を振り返って、違う角度から考え直してみることもできるようになり、いろいろな視点で多角的に思考する力がついていきます。

## 身につく力3：知識を総動員して解を見つける力

ここまでも触れてきましたが、答えのない問いに自分なりの解決策を見出すためには、**自分が今もっている知識を総動員し、それらをかけ算して考えること**が必要になります。

とくに教科学習で学んだ知識は、探究プロセスのあらゆるところで幅広く役立ちます。例をあげると、次のようなものです。

### 教科学習と探究学習のかけ算

- 歴史的・地理的に見たらどうなのかを知るために、社会の授業で学んだ知識を使う
- 数値的な予測をするために、数学や情報科で学んだ知識を使う
- 実際に実物をつくって検証する際に、物理や化学の知識を活用する
- 発表やプレゼンテーションで、国語や英語の知識を活かす

あるいはアニメや映画、本、漫画、日常での体験など、それまで自分が蓄えてきた知識や経験も、付加価値のある解決策を考えるうえで役立てることができます。

探究学習ではこのように、教科学習や日常生活で得た知識

を複合的に組み合わせ、解をつくり出していきます。もてる素材を総動員し、新たな付加価値をつくる力がついていくのです。

## 身につく力4：異なる意見を聞いて取り込む力

探究学習では、少人数のグループに分かれ、グループワークやディスカッションを通じて、自分たちなりの見解をまとめたり、解決策をつくり上げたりしていきます。

複数人で取り組むため、同じテーマを扱っていても、それに対する視点は一人ひとり違います。考え方も異なるのが普通です。自分とは正反対の意見をもっていたり、まったく違う視点で捉えていたりして、多種多様な意見がぶつかり合います。

その状態から、あるひとつのものをつくり上げるには、対立するのではなく、**ほかの人の意見や考えを尊重しながら話**

し合いを進め、それぞれが納得したうえで、**自分たちの解決策をまとめる**というスキルが必要です。

それには、たとえ自分とは正反対の意見であっても耳を傾ける力、「そうだな」と思ったことは素直に取り込んでいく力が求められます。

小学校から探究を通して協働学習を経験することで、こうしたコミュニケーション力や柔軟性が培われていきます。この先、異なる文化や背景をもつ人たちと協働で何かをつくり上げていく際に、必ず必要となる力が育つのです。

## 身につく力5：情報リテラシー

すでに知られている情報だけを取り入れて、そこから解を考えても、これまでにない新しいものはつくれません。

また新聞、テレビ、インターネット、SNSと複数のメディアから情報が入ってくる世の中において、**報道されている内容や公開されている情報が「本当に正しいのか」を考える視点**も大事になります。物事は多面的で、少ない情報から得るイメージがすべてとは限らないからです。

探究では、「これは本当なのか？」と考えていく姿勢も学びます。**目の前の情報を鵜呑みにしない、あるいは思考の出発点としてそのまま使わない**。そうした情報リテラシーも身についていくのです。

高度情報化社会がより進展していく時代に、このような情報リテラシーをもって膨大な情報とつき合う力は、不可欠になっていくでしょう。

# 未来をつくるために必要な行動力・創造力

　探究的な学びを通じて子どもたちの中に育まれていく力は、思考力やコミュニケーション能力、協調性だけに留まりません。

　目的に向かい、自分で考えて進む行動力や創造力も培われていきます。これらは自分の未来をつくるうえでも、社会で活躍するうえでも大切です。

　また、この先、世界はさらにシームレスになっていきます。国という垣根を越えて、世界共通の課題に向き合っていくことも必要になるでしょう。

「未来をつくる」ことが、これからの子どもたちには求められます。そのためには、**臆さずに挑戦し、行動する力、協力者を増やし、大きな価値をつくり出す力**も必要になってきます。

　探究学習を続けていくと、未来創造に不可欠な次のような力もついてきます。

**未来につながる力**
1　プレゼンテーション力
2　とにかくやってみる行動力
3　困難や失敗から学ぶ力
4　ゼロから1をつくり出す力

## 未来につながる力1：プレゼンテーション力

　探究学習では小中高問わず、取り組みについての「中間（プレ）発表」と、集大成となる「最終発表」の場が設けられています。ここでは他者に向けて、自分たちがどんな目的でどのようなことをしているか、どのような成果が得られたかといったことを、ポスター掲示やプロジェクターなどを使ってプレゼンテーションします。

　プレゼンテーションでは、他者が理解しやすいように、内容を整理し、わかりやすい言葉や表現を考えて、説得力をもって伝える工夫が必要です。**得た情報を整理してアウトプットする力、より理解してもらえるよう工夫する表現力も身につきます**。探究学習を通して、大学入試でも、社会に出てからも必要なプレゼンテーション力が身についていくのです。

## 未来につながる力2：とにかくやってみる行動力

　探究的な学びは「体験」と「実践」が必要とされます。

　調査の段階では、自分の問いや仮説にもとづいて地域の人、専門家、企業などを訪問して情報を集める必要も出てきます。

　仮説検証の段階では、プロジェクトを実行に移し、実際につくって試すことも必要です。いずれも自分が動かなければ何も進みません。

　ある高校生は、町のゴミを花に変えるプロジェクトを実行するため、地域の商店街に呼びかけて協力を取りつけ、さら

には自分でスポンサーを探して、プロジェクトに必要な費用120万円を集めてしまいました。

こうした体験をすることで、「うまくいくかわからないけれど、とにかくやってみよう」という姿勢が養われ、大人も驚くほどの行動力を発揮するようになります。

## 未来につながる力3：困難や失敗から学ぶ力

行動・実践するなかでは、当然ながら思い通りにいかないこともあります。こうした失敗も学びになります。

たとえば、自作のアンケートを渡しても回答してもらえなかった場合。書いてもらいやすいアンケートをどう作成するか、断られないようにどう声をかければいいかなどを考え、次には精度の高いものをつくることができます。

「地域防災で避難経路の周知を図る」ことを課題として、幼稚園や小学校を訪ねて提案し、いくつも断られた高校生もいます。この経験から彼は、行政が管轄する機関を動かすには、文書による正式な手続きが必要なことを学びました。そこで、学校長に判をもらった文書を携えて幼稚園を回り、散歩コースに避難経路を組み込んでもらうことに成功しました。

探究活動を通してこうした困難や失敗を経験すると、落胆したり、シュンとなったりしつつも、教師に支えられながら、次はどうすればいいかを考えて動けるようになります。

また小さな失敗から学んで次につなげる経験をくり返して「失敗は怖いものではない」と知ることができると、失敗を恐れずに挑戦する人、逆境に強い人に育っていきます。

探究学習を通じて、失敗から学
び、乗り越える力が身につく。

## 未来につながる力４：ゼロから1をつくり出す力

　この先の時代に求められるのは、社会的な課題にアプロー
チし、ゼロからソリューションをつくり上げていく力です。

　日本にも、かつてはソニーの「ウォークマン」、赤城乳業
の「ガリガリ君」のように、それまでなかったものをつくり
出す力がありましたが、残念ながら、今の日本はその力が停
滞気味。未来をつくる子どもたちには、創造する力をこれか
らどんどん身につけてもらわなくてはいけません。

　探究学習では、自分が主導して問いを立て、課題を見つ
け、アイデアを出して解決策を考えるという一連のプロセス
で、「ゼロから1をつくり出す力」を鍛えていきます。

　また、グループワークで知恵を出し合う学習スタイルは、
今あるものに付加価値をつけて新しいものをつくる「1を100
にする力」も育ててくれます。探究学習で「ゼロから1をつ
くり出す力」と「1を100にする力」の両方を育むのです。

# 「探究」する子ほど
# 教科の成績がいい！

　ここまで読み進めて、「探究学習がもっている力は理解できたが、探究学習に力を入れすぎて教科の成績が落ちるのは困る」「大学に入るための受験勉強がおろそかになるのではないか？」と、心配や疑問を感じている方もいらっしゃるかもしれません。

　探究的な学びは、教師や保護者の世代の学校生活にはなかったもの。とくに保護者は、「どんな勉強をしているのか、何をやっているのか、何だか今ひとつわからない」となると、懐疑的にもなるでしょう。

　その点、教科学習は、テストや成績表で学力レベルが把握できます。保護者としてはやはり、教科学習の出来・不出来のほうが気になるのは当然です。

　けれども安心してください。探究学習によって教科の成績が下がることはありません。むしろ逆です。国立教育政策研究所が小学生と中学生を対象に実施している調査では、探究を積極的にやっている子ほど、教科の正答率が高いという結果が出ているのです。

### 主体的に学ぶ力が育つと教科の成績も上がる！

　それにしても、探究がなぜ教科の成績を上げてくれるのでしょうか？　理由としては、おもに2つ考えられます。

ひとつは、**探究学習が「主体的に学ぶ」ことを大前提にしている**こと。だから自然と、能動的に学ぶ姿勢が身につきます。連動して教科学習にも主体的に取り組むようになり、成績が向上していくのです。

▶ 総合的な学習の時間への取り組みと教科の正答率

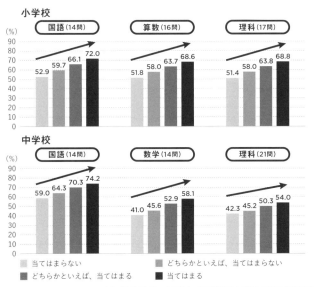

出典:「令和4年度　全国学力・学習状況調査」(国立教育政策研究所)

「総合的な学習の時間では、自分で課題を立てて情報を集め整理して、調べたことを発表するなどの学習活動に取り組んでいますか」という問いへの回答と教科別の正答率。積極的に取り組む子ほど正答率が高い。

　もうひとつは、**仲間との協働的な学習が、教科の勉強にもよい影響を与えている**点です。教科の知識が必要になる場面で、理解が進んでいない子がいたら、理解できている子が

「こういうことだよ」と教えていく。その「教え合い」で互いに学習内容の理解が進み、教科の力が上がっていきます。

　高校生の場合は、探究から進みたい分野が見つかり、「この大学に入って勉強したい！」という目標が生まれやすくなります。それが勉強へのモチベーションを高め、教科の勉強に力を入れるようになるケースが少なくありません。

## 点と点がつながり頭の回転もはやくなる！

　探究学習の効果はほかにもあります。探究する子は、物事を関連づけて思考することができるようになっていきます。それが頭の働きそのものを高めてくれます。

　たとえば、「SDGsのひとつの目標を選び、関連するキーワードを教科書や本から3つ拾い出して文章をつくる」といったことも探究の時間で行われています。

　単語を関連づけて文章をつくるためには、知識の引き出しをひっくり返し、蓄えたものを引っ張り出して、組み合わせていく作業が必要です。これはかなり頭を使います。

　この作業をくり返すと、**知識の点と点をつないで線にしていく力**がついていきます。さらに、その力が鍛えられるほど、知識をつなぐ線は四方八方に伸びて網状になります。

　**論理的に考える力、瞬時に答えを出す力も高まります。**ディベートやディスカッションで、思わぬ問いかけをされても、とっさに考え、論理的に答えられる子になっていきます。

　すなわち探究をしっかりやる子は、頭の回転がはやくなるのです。

# 勉強が不得意な子でも、力を伸ばしていける

　小学校、中学校で探究的に学ぶ姿勢を身につけ、高校で課題探究にのめり込んだ子たちの中で、難関大学、中堅大学に進む子がぞくぞく増えている。信じられないかもしれませんが、これは事実です。

　**一般選抜では手が届きそうにない大学に、学校推薦型選抜や総合型選抜で見事合格していく**。こんなルートが、もうすでにできあがっているのです。

「でも、そういう子たちはもともとの成績がいいんでしょう？」と思っている皆さん。それは従来の大学入試のイメージです。そろそろ、そこから離れましょう。

　大学も社会も、今求めているのは世の中を変えていく人材です。知識を詰め込んだだけでは対応できない、難度の高い課題の解決に力を発揮してくれる人を求めているのです。

## 知識だけあっても世の中を変える人にはなれない

　探究学習は、そうした要請に応えられる子どもたちを育てていきます。教科に関しての知識は、もちろんたくさんあるに越したことはありません。けれども蓄えた知識は、使ってこそ勉強した意味が生まれます。

　レゴにしても、ブロックをどこまで高くできるかを競っても、積み上げるだけで創造性は生まれません。色も形もさま

ざまなパーツを組み合わせ、好きなものを自由につくり上げていくからこそ、おもしろいのです。

「Minecraft（マインクラフト）」にハマる子どもたちが増えているのも、自分でつくる魅力があるからです。しかも定期的にアップデートされるため楽しみ方は無限です。

無尽蔵に眠る材料（知識や経験）から必要なものを掘り出して、自分の世界をつくり上げていく楽しさは、材料を集めるだけで終わってしまったら味わえないものです。

また、探究学習を通して地域や誰かのためになるプロジェクトをつくり出し、人から喜ばれたり、自分が役に立った実感を味わう経験は間違いなく子どもたちを大きく成長させます。そこから、自分の力を世の中に役立てたいと考え、そのために学ぶことを楽しむ人に成長していくのです。

## 成績は関係ない、探究はどの子にもできる

世の中を変えるようなプロジェクトを立ち上げて、実際によい方向へと変えていく。そんなイノベーターを育てるのが探究学習と聞くと、エリート教育のようにも思えます。

でも探究的な学びの目標は、もっと壮大です。一部の優秀なエリートを輩出することではなく、「どの子もイノベーターになっていく」ことを目指しているのです。

探究学習によって教科の成績がよくなるケースはあっても、教科の成績がよくないから探究学習がうまくできないなんてことは、ありません。

**教科学習が苦手な子でも、得意科目と不得意科目のデコボ**

コがはっきりしていても、**どの子も探究に取り組むことができます**。「これ！」と思える課題が見つかれば、どの子も探究にハマっていきます。

## 勉強は不得意でも輝いている子がいっぱい！

　教科の学習は得意ではなくても、自分自身がもっている力を探究で発揮して、大きな成果につなげたり、一目置かれたりしている子はたくさんいます。

　そして、何よりもうれしいのは、自分に自信をもって生きていくことができる人になっていく点です。

　留年目前だった生徒が、プロジェクションマッピングを活用した探究でメディア取材を受け、周りから一目置かれるようになり、それが自信につながり、教科の勉強にも意欲的になった。

　後輩と一緒に受けた英検3級の試験で自分だけ落ちてしまった生徒が、プレゼンテーション力を発揮し、探究の全国大会で入賞。その後もあちこちでプレゼンテーションする機会が増え、見るからにオーラが輝き出した。

　取り組んだ探究活動が認められて自信につながり、大きく変わっていく。こうした話をよく耳にします。

　**むしろ、勉強が不得意な子ほど、正解にとらわれずに自由な発想ができることもあります。**

　ポイントは、どれくらい関心の幅が広いか、探究は楽しい！と思えるか。そこがクリアできれば、どの子も探究学習を通じて、世の中で活躍する人になっていきます。

# 「好きなこと」や「将来の夢」が見つかる

　原発事故の風評被害で、作物がつくれなくなってしまった広大な田畑をどう活用するか——。この課題に、皆さんならどんな解決策を考えますか?

　この課題には、ひとつの解決策が提示されています。すべてをバイオエタノール工場にして、そこで電気をつくり、周囲の町をスマートシティにする。バイオエタノールの研究開発をしている企業と提携すれば、きっとできるはず。

　確かにこれなら、復興が進まず苦しんでいる地域の問題も、エネルギーの問題も解決します。土地の再活用、自然エネルギーの活用、人の活用といった新たな価値も生まれます。全国的に増えていて、大きな社会問題となっている休耕田の再利用にも活かせそうな秀逸な解決策です。

　こんな発想ができる子どもたちが増えたら、未来に明るい希望が見えてくると感じませんか?

## 興味と身近な困りごとをつなげて課題に

　うれしいことに、それは現実となりつつあります。好きなことや興味・関心のあることをベースにして社会を変えていく子どもたちが、これからはぞくぞくと出てくるからです。

　じつは、このバイオエタノール工場の解決策を発想したのも、福島県立ふたば未来学園中学校・高等学校の高校3年生

です。高校生の時点で、こんな大きな視点から解決策を考えられるのですから、この先きっと革新的なアイデアで、社会を変える何かをつくり出すに違いありません。

困っている人同士をマッチングできるシステムがあったらいいな、シャッター通りをどうにかできないかな、食べることが好きだから食から世の中を変えていきたい……。

**身近で目にしていて、それまで何となく気になっていたこと、学校の授業で知って衝撃を感じたこと、こうした体験と自分の興味・関心をつなげて課題を見つけ、探究していくのが、今の学校で進められている探究学習です。**

同じPBLの頭文字を使っていても、大人から与えられた問題に対して解決策を考える「問題解決型学習（Problem-based Learning）」とは違い、子どもたちは社会課題の解決を支点にして、自ら進んで取り組むテーマを見つけていきます。

興味・関心から始まる探究だから、どの子にとっても「やっていて楽しい！」ものであることは間違いありません。学習を深めていくに従って、自分が進みたい道も見えてくる。そんなキャリアを考えるきっかけにもなっていきます。

## 途中で「やりたいこと」に目覚める子も！

たとえば、このような子もいます。「人をつなげるシステムをつくりたい」と漠然と思ってはいたけれど、部活のほうがおもしろくて、高校3年に上がるまでは部活三昧。ようやく課題探究に取り組み始めたとき、学校が用意したインターンシップで、DX（デジタル・トランスフォーメーション）を活用したサービス開発をしている会社を訪問。そこで漠然と抱いていた思いとビジョンがつながり、「やりたいのはこれだ！」となりました。

自分みたいに課題探しで苦労している生徒のため、「情報交換や相談ができる校内向けのSNSをつくる」という課題を見つけて、ようやく探究がスタート。進めていくうち、将来の目的もやりたいことも明確となって、起業への意欲も高まりました。大学選びは「それを叶えられるところ」を重視して筑波大学を選択。高校3年までほとんど勉強していなかったにもかかわらず、取り組んだ課題探究で筑波大のAC入試にチャレンジし、見事合格したのです。

しかも大学に入ってからも目的に向かって学びを止めず、プログラミングサークルを立ち上げて、人の役に立つDXの開発を進めています。

## キャリアビジョンが見えてくる！

**探究学習のすごさは、学習を進めていくなかで、自分の好きなこと、やりたいことが明確になっていくところにあります。**

大人たちはよく「好きなことを見つけてやりなさい」「やりたいことから将来の仕事を探すといい」と子どもに言います。でも、子どもからしたら、これほど困るアドバイスはありません。その好きなこと、やりたいことがわからなくて、自分の進みたい道が見えてこない子がほとんどだからです。

ところが探究学習をしていくと、その道筋が見えてくるのです。はっきりとビジョンとしてもつ子もいれば、「これがやりたいことかもしれない」と大学に入り、大学で学びながら本当にやりたいことを見つけていく子もいます。

ただいずれにしても、漠然と大学に進学して、何がやりたいのかもはっきりしないまま、何となく規模とブランドで就職先を選ぶ、といったキャリア選択ではなくなっていきます。

高校で課題探究にしっかり取り組んで、探究のおもしろさを知った子は、「学びをもっと深めたい」という目標を軸に大学を選びます。そのため、大学でも学び続けます。**探究学習はキャリア教育にもなると同時に、子どもを「学ぶことを生涯楽しめる人」にもしてくれるのです**。

探究学習でやりたいことが見つかり、将来のキャリアも見えてくる。

# 世の中を「自分ごと」として 捉える視点を養う

　未来を変え、未来をつくるために学ぶ探究学習は、社会と自分をどのくらいつなげることができるかによって学びの質が変わります。SDGsが解決を目指す17の目標は、どれも人類の未来や人々の生き方を左右する社会的課題ですが、自分の生活と直接結びつけられなければ、他人事のまま「必要だよね」「大切だよね」で終わってしまうでしょう。

　けれども、食べるものから考えてみたらどうでしょう？　朝食で食べているパンやコンビニの菓子パンは、輸入小麦を材料にしています。「もし輸入が止まったら、大好きなパンが食べられなくなるの!?」と気づくことで、自分の生活と食糧自給の問題が一気につながってきます。

　そこから食品廃棄や飢餓の問題にまで考えが広がり、「みんなが必要とする食べ物を、いつでも食べられるようにするにはどうしたらよいか？」を、探究の課題にすることができるかもしれません。そのための解決策を探っていくことは、SDGsの2（飢餓をゼロに）と12（つくる責任、つかう責任）の課題解決につながります。

## 「自分ごと」で考えるから本気になる

　社会で起きていることを自分の問題として捉えることができると、課題解決へ向き合う本気度は一気に上がります。

では、自分ごとにできたとき、どのくらい子どもは変わるのでしょうか。ここでも、ふたば未来学園のある高校生の例を紹介しましょう。

　その生徒のグループでは、地域活性をテーマに課題探究が進められていました。「学校のカフェを地域のお年寄りにも使ってもらう」という解決策が出てきたものの、学校があるのは小高い丘の上。途中には心臓破りの坂もあり、それをどう解決して、高齢者に利用してもらうかが、次の解決すべき課題となっていました。

　ところが毎回の話し合いは進まず、グループの中のひとりは「この坂、お年寄りには大変だよね」「バスを走らせるしかないんじゃないの？」と、ずっと他人事感が抜けないまま。そこで教師の提案で、他人事発言の多かった子が疑似高齢者になって、どのくらい大変かを検証することに。

　疑似高齢者になれるセットをレンタルして、総重量6キロのおもり、ゴーグル、特殊手袋などを身につけ、駅から学校までの道のりを歩いてみました。この体験をしたことで、この生徒はガラリと変わったのです。

　身体が衰えるとすべての動作が大変になることを肌身で実感し、地域のお年寄りたちを元気にするにはどうしたらいいかを真剣に考えるようになりました。

　また、頭で考えるだけの解決策では、本当の解決にならないことを知り、「実際にやってみることが必要なんだ」と学んだのです。これを境に、課題探究への本気度も一変。近隣の村が復興で困っていると知って、自ら村の中に飛び込んで、率先して村おこしを進めているそうです。

課題を「自分ごと」として捉えることで本
気度が上がり、解決の糸口が見つかる。

## 外側の問題が「自分の問題」になっていく

　世の中で起こっていることは、たとえ身近なことであって
も、自分が実際に体験しない限りは、子どもにとって遠い出
来事のままです。それを「自分ごと」として考えられるよう
になっていけるのが、探究的学びです。

　実際に自分の足を使って調べたり、自分の生活から引きつ
けて考えてみたり、先ほどの生徒のように実体験をしてみた
り、アプローチはさまざまですが、**探究活動をすることで、
自分の外側の問題と思っていたことが、自分の問題として実
感できるようになっていく子は少なくありません**。

　変化がはやく、しかも未知の状況にも対応して解決策を導
き出していかなければならないとき、**課題を自分ごととして
捉える視点がもてるほど、自分にとっても、周りの人々にと
っても有用な発想ができ、世の中の役に立つアイデアを考え
られる人になっていくのです**。

# これからは「グローバル＋探究」へ

　世界をリードしている人たちを見て、「このなかに日本人は少ないなあ」と感じたことはありませんか？

　もちろん世界を舞台に活躍している人はたくさんいます。けれども地球規模のビジネスイノベーター、先駆的研究の第一人者など、何かをリードしている人となると、「この人！」と思い浮かぶのは他国の人がほとんどです。

　国連ひとつにしても、要職に就いて活躍している日本人は数多くいます。でも、事務総長として世界平和に尽力する国際機関のリーダーに選出された日本人はまだいません。

　海外の子どもたちと討論することが求められる場での日本の子どもたちの大人しさも、以前から指摘されています。

　他国の子どもたちが積極的に手を挙げて、自分の意見や考えを述べるなか、「これを言うとおかしいかな」と考え込んでしまい、なかなか発言ができない……。世界の中で一歩臆してしまう子どもたちの姿は、さまざまなところで見受けられます。

　こうした現状をどう変えていくか。国際社会で発言力をもてる子を増やしていくにはどうすればいいか。

　これからの探究学習では、**世の中を変えていく人を育成することに加えて、グローバルに活躍し、世界全体を変革できる人を育てていくこと**も、ますます重要視されるようになるでしょう。

## 日本の探究教育は評価されているが…

　日本で「探究的な学び」が行われるようになったのは、「総合的な学習の時間」が全面的に実施されるようになった2002年からです。

　2012年のPISA調査（国際学習到達度調査）の報告書では、日本が34のOECD加盟国中、読解力と科学的リテラシーで1位、数学的リテラシーで2位となったことを受け、教科と総合的な学習のクロスカリキュラムの成果であると評しています。

　生徒主体の活動で、問題解決スキルの育成に継続的に取り組んできたことが、PISAの好成績につながり、さらには子どもたちの学習姿勢の向上にもつながった。総合学習で進めてきた探究活動が、子どもたちの学力を上げている。

　このような評価がある一方、「シンガポールや上海では、総合学習のような探究的学習を日本以上に優先してやっている。その結果、生徒が主体性や独創性を発揮し、失敗から学ぶ時間的な余裕もできた」との指摘もありました。

　でも、現在の小中高で行われている探究学習は、OECDから指摘された点がクリアされています。

　探究で学ぶことが確実に子どもたちの成長につながっている、ということも、探究学習を経験した、あるいはしている子どもたちの姿から明らかです。

　未来をつくるための探究学習は定着しつつあります。さまざまな課題に自分ごととして向き合い、考えた解決策が地域の人に喜ばれたり、誰かの役に立ったりした経験をして、学

ぶことが楽しいと実感している子がたくさん出てきています。

　**そこから一歩先に進んで、世界に目を向けて課題解決に取り組んでいく子を増やしていく。**今後の探究学習では、グローバルを意識した学びも始まるに違いありません。

## 他国の子とつながる学びは始まっている

　では、グローバルを意識した学びをするとしたら、どんなことができるでしょうか？

　たとえば、**海外の生徒とオンラインでつながり、共通テーマを設定してプロジェクト学習を進めていく、**といったことが考えられます。

　SDGsという共通テーマにできる素材があり、Zoomをはじめ、オンラインミーティングの環境も整っています。「やろう」と思えばやることは不可能ではありません。

　実際、大阪府の東香里小学校では、アジアの子どもたちとオンラインでつながり、互いの夢や将来のビジョンを語り合う「We can change the world」プロジェクトを始めています。

さらにメタバースの世界でアバターを使い、国も年齢も人種も性別も超えて協働学習をする、なんてことも考えられます。属性にとらわれず、ひとつの目的に向かってプロジェクトを進めていけば、これまでにないクリエイティブなものがつくり出されていく可能性があります。

## 探究学習が世界をリードする日本人をつくる

　さまざまな国の生徒とコラボレーションしてプロジェクトを進めながら、「日本としてはどういうことができるか」を探していく。こんな取り組みが、学校で当たり前になっていけば、やがては世界をリードする日本人の姿があちこちで見られるようになるかもしれません。

　それも夢物語ではなくなってきています。グローバル探究科という、グローバルと探究を合わせた探究学習も始まりそうだからです。

　国際会議の場で、堂々と意見や考えを述べ、他国と協力しながら世界の課題の解決に向かっていく頼もしい日本人。もしそれが自分の子どもや教え子だったらと想像すると、どうでしょう？　胸が躍りませんか？

　**学ぶのが楽しくなるだけでなく、世界に通用する力もついていくようになるのが、これからの探究です**。探究学習から広がる可能性は想像以上にあるのです。

第 **3** 章

思考力・表現力を
高める
「探究学習」の
プロセス

子どもの探究心を大きく伸ばすには
適切なプロセスと、思考を刺激するツールが欠かせません
探究学習の授業設計の基礎となる考え方や思考ツール、
教師の関わり方について知っておきましょう

# 学校ではどのような探究をしているか

　ここまでの章で、なぜ今探究が重視されてきているのか、探究学習や探究的な学びは、どんな力や可能性を開いてくれるのかを紹介してきました。

　本章では、探究学習がどのように行われているのか、そのプロセスに焦点をあてていきます。

　さて、本題に入る前に、小学校と中学校で探究学習が行われている「総合的な学習の時間」と、2022年度から高校で行われている「総合的な探究の時間」の違いについて、簡単に説明しておきましょう。

　学習指導要領では、次のように違いが定義されています。

---

**総合的な学習の時間と総合的な探究の時間の違い**

・**総合的な「学習」の時間**：探究的な学習を通して、自己のあり方・生き方を考える
・**総合的な「探究」の時間**：自己のあり方・生き方を考えながら、よりよく課題を発見し、解決していく。さらに、実社会と実生活と自己のかかわりから問いを立てる

---

**小中学校の探究は、社会と自分の生活、あるいは自分自身との関係などを考えていくこと**がおもな目的です。

**高校の探究は、より「自分ごと」として世の中を捉え、社**

会の枠組みそのものに疑問をもって、主体的に課題を見つけることが学びの目的となっていきます。

すなわち、「すでにある問題を解決する探究ではありませんよ。自らつくりたい世界を考えて、そのための問いを立てるところから始めましょう」と言われているのです。

総合的な学習の時間と総合的な探究の時間における、「課題」と児童・生徒の関係を図にすると次のようになります。

▶ 課題と児童・生徒の関係のイメージ

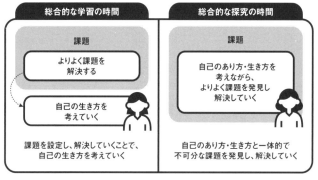

| 総合的な学習の時間 | 総合的な探究の時間 |
|---|---|
| **課題** | **課題** |
| よりよく課題を解決する | 自己のあり方・生き方を考えながら、よりよく課題を発見し解決していく |
| 自己の生き方を考えていく | |
| 課題を設定し、解決していくことで、自己の生き方を考えていく | 自己のあり方・生き方と一体的で不可分な課題を発見し、解決していく |

出典：「高等学校学習指導要領（平成30年告示）解説 総合的な探究の時間編」（文部科学省）をもとに作成

## 「身近な社会から問題を知る」小学校の探究学習

では、小・中・高それぞれの探究は、どのようなことを行うのでしょうか？

小学校では、自分の生活のまわりにあるもの・ことをフィールドに、問題や疑問に気づくことから探究が始まります。

近くの川について調べる、地域産業や伝統文化を調べるといった、問題や疑問を発見するためのフィールドワークも行われます。

地域でつくられている作物を自分たちで育ててみる、身の回りの生活の中で使われているコンピュータ技術を見つける、SDGs（持続可能な開発目標）と関わりのあるもの・ことを生活の中から探すなど、**社会と自分との関わりを出発点に、問題を見つけていく**のが小学校でよく行われる探究です。

## 「視野を広げ問題解決を考える」中学校の探究学習

**地域の課題はもちろん、国や世界へと視野を広げて起きている出来事や問題を知り、問題の本質を探りながら解決法を考えていく**のが中学校の探究学習です。

調査のためのフィールドワーク、職業・職場体験、企業から与えられたミッションの解決など、小学校時代よりも深く突っ込んだ調べ学習などを行いながら、問題解決まで考え、探究の基本的な姿勢を学んでいきます。

## 「問題から課題を見つけていく」高校の探究学習

小中学校と高校との大きな違いは、**起きている問題から「解決すべき課題」を見出し、その課題を解決するプロジェクトを進めて、解決策を見つけていく**点です。**課題の発見と解決を自ら行っていく**のも、高校の探究活動の重要なポイントです。

ここで「問題と課題はどう違うのか？」と疑問に思われている方もいると思います。

　わかりやすく言うと、**理想となる「あるべき姿・ありたい姿」と、現在の状況との間にあるギャップ（差）が「問題」**です。そして、**その問題を解決するために必要なこと・行うべきことが「課題」**です。

　ダイエットで考えてみましょう。理想の体重は70kgで、現在100kgあるとします。この場合、次のようになります。

・ありたい姿＝体重70kgの自分
・現状＝体重100kgの自分
・問題＝理想よりも30kgオーバーしている

　30kgのギャップが生じている原因（問題点）が夕食が遅いことと運動不足だとしたら、「課題」はこうなります。

・課題＝20時までに夕食をとり、運動の時間をつくるには生活習慣をどう変えるべきか

　高校生の探究活動は、このようにテーマを探し、問題から課題を見つけて解決策を発見する「課題探究」が基本となります。

▶ 問題と課題の違い

## 問題・課題とは何か？

理想の状態
目標
・あるべき世界（問題解決）
・ありたい世界（課題達成）

課題
目標と現状の差を埋める
ためにやるべきこと

GAP
問題
・目標と現状の差
・解決すべき事柄

今の状態
現状
・今はどうなっているのか？

問題点
問題のうち
改善可能なこと

## 問題・課題の例

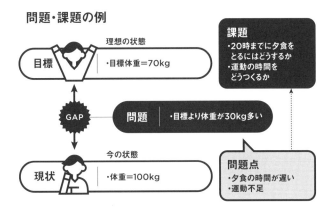

理想の状態
目標
・目標体重＝70kg

課題
・20時までに夕食を
とるにはどうするか
・運動の時間を
どうつくるか

GAP
問題
・目標より体重が30kg多い

今の状態
現状
・体重＝100kg

問題点
・夕食の時間が遅い
・運動不足

目標と現状のギャップをつくっている問題を明らかにし、問題から改善すべき点を洗い出し、課題として設定する。

# テーマによって異なる
## 探究の3つのスタイル

　ひと口に「探究」といっても、プロジェクトにするテーマはたくさんあります。また、テーマによって、どんなアプローチをしていくのかも変わります。さらに、アプローチの仕方で、探究のスタイル自体にも違いが出てきます。

　スタイルの分け方にはいろいろありますが、ここでは「未来創造探究」の先駆けといってよい、福島県立ふたば未来学園中学校・高等学校の分類を紹介しましょう。

「未来創造探究」では、探究活動を次のように3種類に分類しています。

---

**探究の3つのスタイル**

1　真理を追究する探究
2　問題を解決する探究
3　新しいものをつくり出す探究

---

　子どもたちが取り組む探究学習のテーマはさまざまです。学校で取り組む探究は、どんなものなのかを理解するひとつの参考として、このようなスタイルの違いがあることを知っておいていただくとよいでしょう。

## スタイル1:真理を追究する探究

　真理を追究する探究は、「雪の結晶はどのようにできるのか」「深海の生物にはどのような特徴があるか」「算数の記号はどのようにしてできたか」といった**物事を深く掘り下げていく探究**です。

　また「なぜ老化するのか」「寿命があるのはなぜなのか」といった**真理を明らかにする探究**や、「幸福を感じるとは何か」など、**哲学的に考える探究**もここに入ります。

　科学技術の発展に貢献できる人材の育成を目指して、先進的な理数教育に力を入れているSSH（スーパーサイエンスハイスクール）指定校などでは、真理追究型の探究が比較的多く行われています。高校生ならより踏み込んで、「メタバースの活用法」「ブロックチェーンの可能性」といったこれからの社会に役立つ研究もできるかもしれません。

## スタイル 2：問題を解決する探究

「二酸化炭素の排出量をどのように減らすか」「核廃棄物を どう処理すべきか」など、**すでに問題として存在していて、 解決策がいまだ見つかっていないもの、あるいは現在発生し ているネガティブな事象、こうしたものの解決策を探究する のが、問題を解決する探究**です。

たとえば、現在発生しているネガティブな事象の代表例が 新型コロナウイルス感染症でしょう。これに対して、ワクチ ンをつくる、治療薬を開発するといったことが進められてい ますが、決定的に有効な薬はまだ出てきていません。

ほかに、海洋プラスチックや生態系の変化をはじめとする 環境に関すること、担い手の減少による地域伝統文化の消 失、地域間のさまざまな格差、難民の問題など、多くの社会 問題が世の中にはあります。

問題を解決する探究は、このような**ネガティブな問題をい かに解決していくか**というアプローチで進めていきます。

## スタイル 3：新しいものをつくり出す探究

**バックキャスティング（→P.67）で未来を創造していくタ イプの探究が、新しいものをつくり出す探究です。**

理想の未来を想定して、今ある技術や知識を利用しつつ、 今はない新しい何かをつくり出す。その達成に向かってアプ ローチしていくタイプの探究なので、むずかしい反面、ワク ワク感ややりがいも大きいでしょう。

1980年代のSF映画『バック・トゥ・ザ・フューチャー』で出てきたような空飛ぶ自動車をどうつくるか、火星を人類の移住先にするには、移動ロケットや環境に対応した住居をどうつくるかなど、映画の中でしか実現できなかった荒唐無稽なテーマも、新しいものをつくり出す探究のテーマにできるかもしれません。

　また、現在、研究開発が進んでいる「代替肉」、テスラが開発している自動運転技術搭載の電気自動車などは、理想の未来から今ないものをつくり出す好例といえます。

　もっとさかのぼれば、エジソンが発明した白熱電球も、その時点での技術や知識を利用しながら、それまでまったくなかったものをつくり出した結果、生まれたものです。

理想の未来から逆算し、今はない新しいものを創造する。

# 探究学習の4つのプロセスは一生モノのスキルになる

　探究学習が目指しているのは、「解決策」という結果を出すことだけではなく、**探究のためのプロセスをしっかりと身につけていくこと**です。

　課題探究で取り組んできたプロジェクトに対し、有効な解決策が見つからないまま高校を卒業していったとしても、プロセスが身についていれば、大学生になってからも、社会に出てからも、探究的学びを続けていくことができます。

　社会に出てから解決が必要な物事が出てきたとき、探究的なプロセスで思考し、解決策を見つけていくということが当たり前のようにできる大人になります。

　このような姿勢を子どもたちに学んでもらうのが、探究学習の目指すところです。探究には、文部科学省によって、次のような4つの学習プロセスが用意されています。

---

**4つの学習プロセス**

1　課題の設定
2　情報の収集
3　整理・分析
4　まとめ・表現

---

　ひとつめの**「課題の設定」**では、体験活動などを通して課

題を設定し、課題意識をもつことを学びます。**「情報の収集」** は、必要な情報を取り出したり、収集したりする作業。そして **「整理・分析」** で、収集した情報を整理したり、分析したりして思考します。そこで得た気づきや自分の考えをまとめ、発表したり、解決策をプレゼンテーションしたりするのが、**「まとめ・表現」** です。

　**日常生活や社会に目を向けて、自ら課題を設定することから課題探究が始まり、情報の収集や整理・分析をして、研究結果をまとめ、発表する**。ここまでが、ひとつの学習サイクルとなっています。

▶ 探究的な学習における生徒の学習の姿

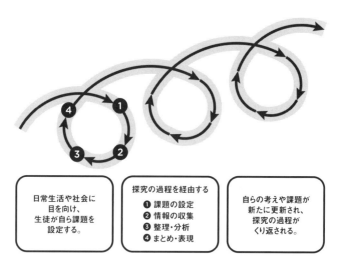

| | | |
|---|---|---|
| 日常生活や社会に目を向け、生徒が自ら課題を設定する。 | 探究の過程を経由する<br>❶ 課題の設定<br>❷ 情報の収集<br>❸ 整理・分析<br>❹ まとめ・表現 | 自らの考えや課題が新たに更新され、探究の過程がくり返される。 |

出典:「高等学校学習指導要領(平成30年告示)解説 総合的な探究の時間編」(文部科学省)をもとに作成

小学校、中学校、高校と上がっていくなかで、この学習サイクルを何回もくり返します。それによって学びの質が上がり、より深く探究ができるようになっていくのです。

　なかでも高校生になってからの探究学習は、「どのような未来を目指して、今ある課題を解決していくか」を考えていくことが目的となります。

　未来をつくっていくのですから、解決策にも正解はありません。**答えのない問題、あるいは答えが複数ある問題に対して、自分が納得し、他人も納得できる「納得解」をどう導き出していくか**。この「納得解」を考えることが、未来創造探究での大事な学習になります。

　また、探究で取り組むプロジェクトは、自分が進む道を決めるキャリア選択にもつながる点で重要です。たとえば、ふたば未来学園高校の課題探究は、文科省の4つの学習サイクルをベースに、以下のようなプロセスで進められていました。

### プロセス1：問題発見と課題設定（テーマを決める）

　**現状を正確に知り、そこから自分にとっての課題を見つけ、テーマを設定します**。本を読んだり、ニュースやインターネットで今起きている出来事を知ったり、地域を実際に回ってみたりと、広く情報を収集して、できるだけ多く、世の中の一般的な問題を見つけていきます。

　そこから課題を設定するには、一般的に解決策といわれているものから離れて、「自分がどんな未来をつくりたいか」という視点から問題と課題を見極めることが大事です。こう

して高校1年から2年の初めぐらいまでの間に情報を集め、プロジェクトテーマとなる課題を設定していきます。

## プロセス 2：現状分析から仮説を立てる

課題を設定したら、課題に関して現状がどうなっているかを調査していきます。文献を調べる、インターネット調査やリアルのアンケート調査、フィールドワーク、インタビュー、関連団体との共同調査など、調査のためのアクションを起こして**一次情報を集め、集まった情報を整理して分析します。**

グラフにしてみたり、マインドマップで整理したり、仲間とディスカッションをしたりして**情報を整理・分析して、問題の本質を見つけ、解決となるであろう「仮説」を立てます。**

ここまでの作業を高校2年の中盤ぐらいにかけて行い、自分たちが立てた仮説について発表します。発表の場でほかの生徒や先生からフィードバックをもらうことで、取り組み内容をブラッシュアップしていきます。

課題解決のためにどのようなルートをたどるとよいか、仮説を立てる。

**▶ ふたば未来学園高校の未来創造探究のプロセス**

| | プロセスのテーマ | 探究内容 | 協働／個別 | 探究段階 | 発表の機会 | カリキュラム段階 |
|---|---|---|---|---|---|---|
| プロセス1 | 問題発見課題設定 | ・問い立て<br>・目標設定<br>・研究動機<br>・哲学的対話 | 協働で行うとよい段階 | 調査研究 | | 産社／2年次生前期 |
| プロセス2 | 現状分析 | ・調査<br>・調査のためのアクション<br>・整理、分析 | | | | |
| | 解決仮説 | ・解決のためのアクションの仮説を立てる<br>・構造化しほかの課題との関係性を知る | | | **≪** プレ発表会 | 2年次生後期 |
| プロセス3 | 解決アクション①考察新たな課題 | ・解決のためのアクション<br>・考察<br>・より本質的な問題の発見<br>・新たな課題設定<br>・具体的な解決アクション | プロジェクトごとに個別で行うべき段階 | 解決のためのアクションと考察 | | 3年次生前期 |
| | 解決アクション②考察新たな課題 | | | | **≪** 中間発表会 | |
| | 解決アクション③考察新たな課題 | | | | | |
| プロセス4 | 考察論文作成進路実現 | ・考察<br>・論文作成<br>・提言<br>・進路実現 | | 考察と論文 | **≪** 未来創造探究発表会 | 3年次生後期 |

プロセスに応じてテーマや内容を設定し、プロセスをくり返しながら探究を深め、段階に応じて発表の場も設ける。

## プロセス3:解決に向けアクションを起こす

プロセス2で立てた解決のための仮説は、あくまで頭の中で考えたもの。そこで、その仮説を実際に検証していくのが、この段階です。仮説にもとづいて、モノを試作してみる、地域の中に入って地域の人とイベントをするなど、実際にアクションを起こします。

そこで生じた問題について、考察をし、調査して、仮説を改善し、また実際にアクションをしていく。このサイクルを何回もくり返して、仮説をブラッシュアップさせながら、解決策の発見に近づいていきます。

仮説と検証のアクションを何回も回していくことで、新たな課題や付属的な課題が出てきたりして、より本質的な問題・課題の発見につながっていきます。

このステージでは、**試行錯誤しながら実践を続けてプロジェクトの質を高めると同時に、自分なりの解決策を見出す力をつけていくのです。**

## プロセス4:まとめる（発表・論文作成・進路実現）

高校3年になってからは、それまでの自分の取り組みをまとめる集大成の作業に入ります。

何をしてきたかを整理し、そこから何を得たかを考察して、最終発表の準備を進めたり、論文にまとめたりしていきます。自分の進路を考え、それを実現するためにも、大事な作業です。

高校での未来創造探究は、スタンフォード大学の機関である「d.school」が発案した「デザイン思考」のプロセスとも通じるものがあります。

　**デザイン思考は、前例のない課題や未知の問題に対して、最適な解決を図るための思考法**。変化が激しく予測困難な時代に、イノベーションを創出する有効な方法として、ビジネス界や教育界で大きな注目を浴びています。

---

**スタンフォード大学のデザイン思考**

　1　共感（解決しようとしている問題に共感し理解する）
　2　問題定義（収集した情報を分析・体系化して定義する）
　3　創造（できるだけ多く解決に向けたアイデアを出す）
　4　プロトタイプ（試作して問題の解決策を検証する）
　5　テスト（検証結果から解決策の改善・見直しをする）

---

　以上が、デザイン思考の5つのプロセスです。

　課題探究のプロセスと、よく似ていると感じるのではないでしょうか。

　アップルが開発した2000年代の世界的メガヒット商品「iPod」も、デザイン思考によって開発されています。つまり子どもたちは、**世界的発明をも生むことができる思考プロセスを学校で学んでいる**のです。

# 自発的な学びの質を高める
# 3つのステージ

　探究学習を効率的に進め、学習効果を高めるには、子どもたち自身が「学びを深めている」という実感をもつことが大切です。

　探究学習で、子どもたちは3つのステージを経て変容し、探究に自発的に取り組む意欲と姿勢を深めていきます。

---

**探究学習の質を高める3つのステージ**

1　受容的に物事を吸収するステージ
2　生成的に仮説を立てるステージ
3　持続的に検証を行うステージ

---

　自分で学び続けるようになるには、まず「課題を見つけるなんてむずかしそう」「わからないし、面倒くさい」といった心理的障壁を減らし、既存の枠にとらわれることなく、柔軟に情報と向き合うことが必要です。

　そのうえで**情報を新たな視点で見直して、既存の知識とのつながりに気づいたり、違う見方ができたりすることを知り、アイデアを頭の中で組み立てる、アイデアをアウトプットして確認する**といったことを行います。

　さらにアウトプットしたことに対してフィードバックをもらい、アイデアの見直しや改善を行って、アイデアをブラッ

シュアップしていきます。

このサイクルを回していくことで内発的動機（→P.63）が高まり、探究活動の質が上がっていきます。

## 3つのステージでのポイント

3つのステージにおいて大切なことを、高校生の探究のプロセスを例に説明しましょう。

「問題発見と課題設定」のプロセスは、現状を正確に捉えることが重要なため、**「受け入れる」＝受容的に物事を吸収するステージ**です。「現状分析から仮説を立てる」プロセスは、**「生み出す」＝生成的に仮説を立てるステージ**、実践することが求められる「解決に向けアクションを起こす」プロ

▶ 3つの探究ステージで大切なこと

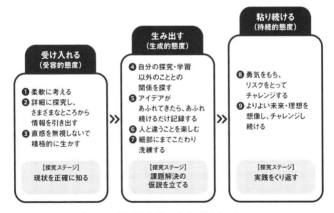

**受け入れる**
（受容的態度）

❶ 柔軟に考える
❷ 詳細に探究し、さまざまなところから情報を引き出す
❸ 直感を無視しないで積極的に生かす

【探究ステージ】
現状を正確に知る

**生み出す**
（生成的態度）

❹ 自分の探究・学習以外のこととの関係を探す
❺ アイデアがあふれてきたら、あふれ続けるだけ記録する
❻ 人と違うことを楽しむ
❼ 細部にまでこだわり洗練する

【探究ステージ】
課題解決の仮説を立てる

**粘り続ける**
（持続的態度）

❽ 勇気をもち、リスクをとってチャレンジする
❾ よりよい未来・理想を想像し、チャレンジし続ける

【探究ステージ】
実践をくり返す

それぞれのステージであるべき姿勢を意識して学びの質を高める。

セスは、「粘り続ける」＝持続的に検証を行うステージです。

　それぞれのステージでは、前のページの図のような事柄が大切なポイントになってきます。

## 到達度は「ルーブリック」で評価

　ところで、探究学習には教科学習のようなペーパーテストもなければ、成績表もありません。

　では、児童・生徒が3つのステージのどこにいるか、どのレベルにいるかは、どう判断すればよいのでしょうか？

　評価のために使われているのは、**学習到達状況を知るための「ルーブリック」と呼ばれる評価指標**です。「ルーブリック？　聞いたことはないな」という方も多いと思いますが、ルーブリック評価は、非認知能力のように、目に見えない力を可視化する際の有効な評価方法として知られています。

　もともとはアメリカの大学で開発された評価法ですが、点数化がむずかしい学びについても、達成度合いが明確にできることから、採用する学校が増えてきました。

　ルーブリックでは、まず評価する項目を決め、それに対する評価尺度（レベル）を設定して、評価の基準となる観点を定め、一覧表にします。

　このルーブリック表を使うことで、教師も児童・生徒本人も、「どの評価項目がどれくらいできているか」をひと目で確認できるようになっているのです。

　また**評価基準が明確に定められているので、自分の学びを**

**レベルアップさせるには次に何をしたらいいかも把握しやすくなります。**

　客観的な自己評価ができることで内発的動機も生まれやすくなり、学習意欲の向上、学習レベルの向上につながるほか、メタ認知能力（自分自身を客観的に認知する能力）を高めるうえでも役立ちます。

### ▶ ルーブリックによる評価

【育成人材像 ver.2022】
**It is more fun to be a pirate than to join the Navy!!** （船長に入るよりも海賊の方が面白い To break the walls around us as well as around!）
さらに一言でまとめる人材像＿世界を救う黒幕2＿世界に自ら自信を持って飛び込む海賊（組織の中で言われたことをこなす海賊ではなく・・・
　①日本の歴史や文化を理解しており、まれルーツを基にする人々の歴史や文化、考えを尊重し、世界市民の一員として自分がだけでなく多くの人々のwell-bei
　②多様な人々（ルーツの違い、世代の違いなど）と協働し、地域における課題、地球規模での課題に対して、事実やデータをもとに解決策を考え建設的かつ提
　③日々科学技術が進化する社会に生きる人間の一人として、人々のwell-beingと持続可能な社会創造を念頭に置き、未来の「あるべき姿」また未来に「ありた
させられる解を出すことができる人材、（問題解決能力・課題解決能力）
【ルーブリック】（●満たしている要素の数＝Level1〜5としていく方向性）

| | | 初級1 | 初級2 | |
|---|---|---|---|---|
| knowledge | 世界につながるための知識（自然科学的知識）再現可能な科学的に説明されたものに対する知識理解 | ◯現実世界とデジタルの空間が相互連携した社会に中での多少でデータサイエンスの基本的な知識と考え方を知っている。 | ◯世界を客観的に判断するための基本的な数学的・科学的知識と考え方を知っている。 | ◯数学や生きる世界へ観の思考や |
| | 我々の住む世界と社会に対する知識（社会科学的観点） | ◯今、日本や世界で起きている出来事に関心を持ち、自分自身がにつながってくる出来事に対して捉えることができる。 | ◯教科の学習や探究活動をとおして自己基盤（自分像）を形成することができるとともに、他方理解の意識を持つことができる。 | ◯多様化が理解しの形者 |
| | 我々自身についての知識（人文科学的観点 Art）再現可能性というもの、再現可能性があるか複雑化されていないことに対する知識理解 | ◯日本の先人が生み出した文字や芸術、哲学や歴史、貧富について基本的な知識を持っている。 | ◯日本人だけでなく世界の人々にも同様に文学や芸術、哲学や歴史、貧富などの背景がある事を理解し尊重することができる。 | ◯芸術、の豊しむこと幅を広げ |
| skill competency | 協働力 背景が異なっても、違いを認め合い、より良い社会を作り出すために手を取り合いながら行動できる力 | ◯集団の中で、自分の役割を認識し、適切に行動して協力することができる。（メタ認知的要素） | ◯様々な背景を持つ複数の人々の意見を調整し、その内容を建設的かつ客観的に意見を整理する事ができる。 | ◯集団のれぞれの的・相関のバラン |
| | 探究力 今ある問題を解決すること、新たな問題を発見し価値のあることを生み出していくことができる力 | ◯問題と課題をの分け、可視化された共通の問題とされていることを分析し、構造化す | ◯新たな問題と課題を設定し、多くの人が納得できる納得解としての手段を考える事が出来 | ◯課題をるのでなセスし、考 |
| | 思考力 物事を多面的に解釈し、概念を整理分類し、抽象具体を自由に移動させながら、構造的に物事を考える力 | ◯物事に対して、貧富・知質・感情・論理・思像・信念・意志・記憶などで様々な方面からアプローチし物事を考える。 | ◯相手や、社会で言われている「主張」を読み取り理解し、自分の言葉で言い換えることができる。 | ◯与えら・整理しできるこ |
| | リテラシー ある分野に関する知識や能力を活用する力 | ◯知らないことに対して、そこに意味を見出し興味を持って理解し、知りたくなる様になろうとする態度を持つ。 | ◯現在支配となっているテクノロジーだけでなく、最新のテクノロジーやこれから現れるかと予測される新しいテクノロジーについて関心が高く、使いこなせるようになろうという態度を持っている。 | ◯メディえ、事実や言語他を次へ構造 |
| | 表現・発信力 考えを効果的に発信し、人々を巻き込んでいく力 | ◯相手の立場に立ち、しっかりと話を聞き、理解し分析することができる。 | ◯自分の気持ちや考えを積極的に発信しようとする前向きな気持ちを持っている。また、インターネットやSNSを利用する際のマナーやルールを理解している。 | ◯事象を長を組織化稚的関 |

ある学校のルーブリックの抜粋。身につけたい学力を具体的に定め、それぞれにレベルが設定されている。

# 自由に発想を広げていく
# 「マインドマップ」

　考えをまとめ、深めていく作業は、探究学習に欠かせません。といっても、何らかのヘルプがなければ「思考の整理」はしづらいもの。

　そこで役立つのが「思考ツール」と呼ばれる学習支援ツールです。

　なかでも、さまざまな場面で使いやすいのが**「マインドマップ」**です。

　マインドマップは、イギリスの教育家トニー・ブザンが考案した、脳に自然に浮かんだ事柄をあふれ出るまま書き留めながら思考を整理するツールです。**とりとめもなく連想が広がっていく思考を見えるかたちで整理したり、思いつくままに発想を広げていったりする**ときに役立ちます。

　考えたり、連想したり、知識や情報として仕入れたことを整理したり、そのプロセスを視覚化できるので、解決策につながるアイデアを見つける、集めた膨大な情報を整理する、といったことがしやすくなります。

## マインドマップのつくり方

　マインドマップは、中央にテーマを書き込み、そこから連想したことを「ブランチ」と呼ばれる曲線でつなぎながら書き込んでいきます。

中央のテーマから連想した主要なキーワードから思いつくことを、ブランチで次々につないでいくのがマインドマップの書き方です。

　そのため、できあがったものは中央から放射状にブランチが広がり、枝を広げた大きな樹のようになります。

**▶ 高校生が作成したマインドマップ**

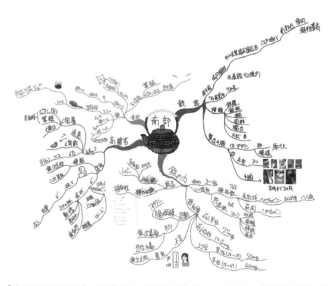

「鉄玉子」の探究学習（→P.156）を行った高校生が作成したマインドマップ。発想を広げながら、取り組むべき課題が整理できる。

## マインドマップの効果

　マインドマップを使うことで、どのような効果があるかをまとめると、次のようになります

> **マインドマップの効果**
>
> ・思考の整理ができる
> ・発想する力、ひらめく力がつく
> ・自分の興味・関心を客観的に理解できる
> ・知識として不足している部分がわかる
> ・バラバラな情報の関連づけができる
> ・記憶が定着しやすい

　使いこなせるようになると、課題やアイデアの発見だけでなく、情報の整理、学力の向上、目標や計画の整理などにも活用することができます。非常に応用範囲の広い万能ツールといえます。

## 自分を深く知るのにも役立つ

　現在は小学校からマインドマップの使い方を学びます。最初は慣れない子もいますが、慣れてしまえば、うまく使いこなせるようになります。授業中に先生の話をマインドマップで整理しながらノートをとる子もいます。

　マインドマップで視覚化しながら整理していくと、記憶にも残りやすくなるため、日頃の学習のまとめ、試験勉強や受験勉強などにも効果を発揮してくれます。

　また探究学習では、探究に入る前に、自分の興味・関心がどこにあるかを知るための「自己理解」の時間が設けられています。

　そこでは現在に至るまでの自分の歴史を自分史にまとめた

**▶ 小学生が作成したマインドマップ**

「ど冷えもん」の探究学習（→P.138）で作成したマインドマップ。
さまざまな方向からアイデアをまとめることができる。

り、自分はどういう人間かを振り返る作業も行います。

「自分」を中央に置いて、思い出として記憶に残っていること、好きだったこと、取り組んできたこと、性格などを、マインドマップを使って自由に書き出していくことで、自分への理解を深めていくことができます。

　20歳になったとき、どうなっていたいかをマインドマップで描いていくこともできます。**マインドマップによって過去の自分を振り返り、未来の「ありたい自分」を明らかにする。それによって、探究学習のテーマとしたいものを見つけやすくなる**。そんな使い方もできるのです。

# 「考える力」を伸ばす
# 3つの思考ツール

　イスラエルの物理学者、エリヤフ・ゴールドラット博士が
『ザ・ゴール』（ダイヤモンド社）で提唱したTOC（Theory of
Constraints：制約理論）をもとに、子どもも使える思考ツールとして考案されたTOC for Educationを紹介します。

　TOC for Educationには、物事のつながりを考える「ブランチ（ロジックブランチ）」、対立した2つの意見の解消法を考える「クラウド」、目標達成のための方策を考える「アンビシャスターゲットツリー」の3つがあります。

## ロジックブランチ：「なぜならば」を考える

　ロジックブランチは、**「原因」と「結果」のつながりを整理して、因果関係を明らかにし、物事全体をつかみ取る**ため

▶ 小学生が作成したロジックブランチ

大阪府の東香里小学校の児童が
作成したロジックブランチ。原因と
その結果を書き出していく。

の思考ツール。起きている出来事の原因とその結果を考えて、「なぜならば」で理由を明らかにします。

「なぜそうなったのか」を分析していくことで、「じゃあ、どうすれば現実を変化させていくことができるのか」「どこを解決すると、違う結果が得られるか」を考える手立てにすることができます。

ロジックブランチの構成は、言葉を書きこむ「箱」、原因と結果のつながりを表す「矢印」、2つ以上のことが重なって、結果が起きることや理由を示す「バナナ」の3つです。ここでは、子ども用に理解しやすくアレンジしたものを紹介します。書き方は、「もし○○ならば、結果としてこうなる。なぜならば〜」で、つながりを考えていきます。

たとえば地球温暖化で考えてみましょう。「もし、地球温暖化が進むならば」と箱に書き、「結果として、海面上昇が起こる」と上へ矢印でつなぎます。そして右下に「なぜならば、温暖化により南極の氷が溶け、海に流れ出るから」と理由を書いて、ブランチにします。これが基本形です。

ここからさらに、この状態が続くことで、「太平洋の島国は沈む」という、長期的な視点での結果も考えていくことができます。その理由を考えると、「サンゴ礁にできた島の平均標高は1.5mほどであるから」と導き出されます。

こうしてロジックブランチで整理すると、地球温暖化によって、どんなことが起きるか、全体像がシンプルにわかりやすくなります。

そこから、太平洋の島国が沈まないようにするには、南極の氷がこれ以上溶けないようにする、そのためには地球温暖

▶ ロジックブランチ

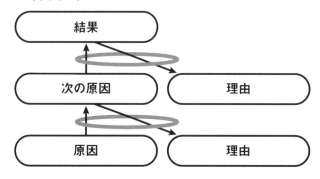

▶ ロジックブランチの例

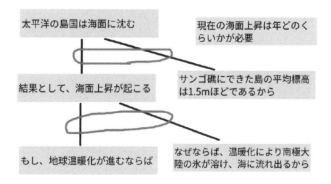

起こった原因とその理由(なぜならば)を考え、物事の成り立ちを論理的に考える。

化を進行させないようにする、それには二酸化炭素を増やさ
ないようにする、それには生活の中で燃やすプラスチックご
みを減らす、それには生活でこんなことに気をつける、と解
決のための行動を考えていくこともできるのです。

また、太平洋の島国が海面に沈むまで、どのくらいかかる

のかを知るには、現在の海面上昇が年にどのくらい進んでいるのかを調べる必要があることもわかります。

ロジックブランチで「原因」と「結果」のつながりを整理し、考える力をつけていくと次のような効果があります。

---

**ロジックブランチの効果**

・結果に対して「なぜならば」と理由をつけて、論理的に人に説明できるようになる
・物事の全体像やつながりをわかりやすくシンプルに理解することができる
・「なぜならば?」の理由を推察する力がつく
・未来の現象(現在の出来事から予測される結果)を考えてあらかじめ防ぐ方法を考える力がつく
・自分の行った(あるいは、行う)行動の結果を予測し、自分の行動の責任を考えることができるようになる

---

## クラウド:相反する主張から共通目標を導く

クラウドは、「水を節約する・節約しない」「公園でボール遊びをする・しない」など、対立する主張の解決法を論理的に考えるツールです。

それぞれの主張や選ぶ手段から、それに対する本当の目的と共通する目的を洗い出して、問題解決法を考えていきます。「何がなぜ、どうやって対立しているか」「それぞれの主張の本当の要望は何か」をフレームワークで可視化することで、両立できる解決策を見つけていくことができます。

▶ クラウド

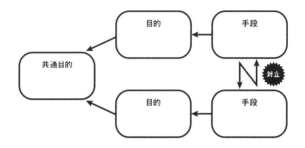

▶ クラウドの例

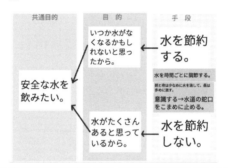

右端の「手段」の枠に相反する行動を書き、左隣の枠にその行動の理由となる目的
や要望を書いて、双方の共通目的を導き出す。

## アンビシャスターゲットツリー：目標達成の障害を洗い出す

　アンビシャスターゲットツリーは目標達成の方法を導くツールですが、その過程で目標達成を阻害する要因を洗い出すことができます。

　たとえば、「すべての人が環境に配慮したエネルギーを使えるようにする」という目標に対し、一人が「でも、できてい

ませんよね？」と問い、ほかのメンバーが「だって電気消し忘れちゃうもん」と言い訳し、できない理由を洗い出します。

　目標達成のために何が足りないのか、どんな行動が必要なのかを明確にすることで、実際のアクションにつなげることができます。

▶ アンビシャスターゲットツリー

**目標**

| できないこと | できること | 手段・方法 |
| --- | --- | --- |
|  |  |  |
|  |  |  |
|  |  |  |
|  |  |  |

▶ アンビシャスターゲットツリーの例

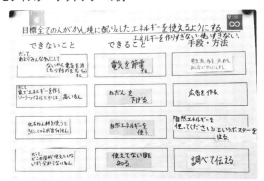

「できないこと」「できること」を客観的に洗い出すことで、そのための対策を考えやすい。

# 理想の未来から逆算する 「フューチャーマッピング」

フューチャーマッピングとは、未来から現在へ流れる波を描き、未来と現状のギャップを埋めるように、発想を広げていく逆算型の思考法です。

学修デザイナー協会の理事でもある神田昌典が2009年に著書『全脳思考：結果と行動を生み出す1枚のチャート』（ダイヤモンド社）で発表しました。

未来創造探究では、**「ありたい姿」を想定して、そこから逆算で考えていくこと**が大事なポイントになります。しかし、何もない状態では、どんな未来をつくりたいかというイメージは、すぐには描けません。皆さんも試しに考えてみてください。なかなか思いつかないのではないでしょうか。

では、「家族が10年後、120％ハッピーでいられる未来」と、条件がついたらいかがでしょうか。未来の姿、それもポジティブな未来のイメージが、いろいろと思い浮かんでくると思います。

その理想の姿に到達するための行動シナリオを創作していくのが「フューチャーマッピング」なのです。

## ポイントは自由な物語の創作

フューチャーマッピングでは、理想の未来で「120％ハッピー」になっている誰かを設定します。次に現在の悩みや解

決すべき課題として顕在化しているものを設定します。そして、第三者の誰かがハッピーになっている未来から逆算して、理想の未来と現状とのギャップを埋める行動シナリオをつくっていきます。

　フューチャーマッピングならではの特徴ともいえるのが、行動シナリオをストーリーでつくっていくところ。作成は以下のようなステップで行っていきます。

**フューチャーマッピングのステップ**

1　解決すべき課題を設定してタイトルにする
2　未来で120%ハッピーになっている第三者を設定して、喜んでいるセリフを書く
3　今の悩みをセリフで書く
4　未来から今をつなぐ感情の変化を波線で入れる
5　現実の課題はいったん忘れて、自由にハッピーになっていく物語を創作する

　物語をつくったら、そこから課題解決につながるリソースを見出していきます。

　創作する物語は、ハッピーな未来に行き着くストーリーで、現実の悩みや課題から離れ、自由に想像していきます。ここがフューチャーマッピングのポイントです。縛られている思考の延長線上で発想していかないように、あえて関係のないストーリーをつくっていくのです。

▶ フューチャーマッピング

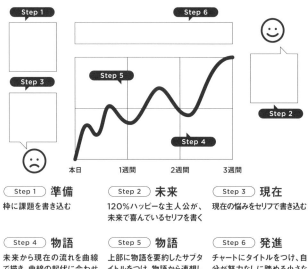

| | | |
|---|---|---|
| Step 1 **準備** | Step 2 **未来** | Step 3 **現在** |
| 枠に課題を書き込む | 120%ハッピーな主人公が、未来で喜んでいるセリフを書く | 現在の悩みをセリフで書く |
| Step 4 **物語** | Step 5 **物語** | Step 6 **発進** |
| 未来から現在の流れを曲線で描き、曲線の起伏に合わせて想像上の物語を描く | 上部に物語を要約したサブタイトルをつけ、物語から連想して課題解決のための現実的行動を見出す | チャートにタイトルをつけ、自分が努力なしに踏める小さな一歩を踏む |

理想のストーリーからさかのぼることで、それまで見えなかった課題と解決策を見つけやすい。

▶ フューチャーマッピングの例

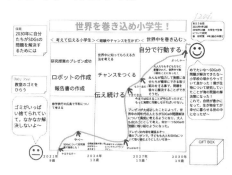

東香里小学校の児童が作成したフューチャーマッピング。理想の未来のために今できる小さな行動を導いていく。

すると、ストーリー中の一見荒唐無稽で「あり得ない」と思うようなアイデアから、「もしかしたら、これはいけるかも？」と思えるアイデアが浮かんできます。

　そのアイデアをかたちにするため行動計画を立てて、実践してみると、そこから既存の枠を超えた、思いもかけない課題解決策が見つかるのです。

## フューチャーマッピングの効果

　フューチャーマッピングの効果を改めてまとめると、次のようなものがあげられます。

---

### フューチャーマッピングの効果

・既存の枠から離れた斬新な課題解決のためのアイデアが見つかる
・目標達成までの紆余曲折（うよきょくせつ）も想定してストーリーをつくるので、失敗や逆境の際の行動ガイドになる
・創造的な思考プロセスを体験できる
・「本当の課題」から課題を解決するリソースを再発見できる
・ストーリーで語る力がついて、仲間やメンバーを巻き込みながら課題解決のソリューションをつくっていける

---

　フューチャーマッピングを探究学習の課題解決に活かすことで、物語の流れと状況の変化を想像することができ、現実的な行動に移していくためのシナリオづくりが可能になります。

課題解決までの流れをストーリー化できて、なおかつ想像の中で課題解決のプロセスをトレースしていく臨場感、ワクワク感を味わうこともできます。

　この思考法を問題・課題を考えるワークに取り入れているふたば未来学園中学校・高等学校では、探究学習のプロジェクト設計を1枚のペーパーで完成させる子もいます。

　また、フューチャーマッピングでプロジェクトをつくって探究に取り組み、文部科学省主催の「Glocal High School Meetings 2022」の英語発表部門で金賞を受賞したチームもありました。

　未来を創造する探究学習を進めていくうえで、大きな効果を発揮してくれるフレームワークといってよいでしょう。

## エンパシーマップ：共感力と洞察力を深める

　もうひとつ、「エンパシー（共感）マップ」を紹介しましょう。ある対象について、6つの視点から考えていく思考ツールです。第三者を設定し、その人の視点に立ち「見ていること」「聞いていること」「考えていること・感じていること」「言っていること・やっていること」「痛みを与えているもの」「得られているもの」を考え、枠の中に思いつくまま書き込みます。

　エンパシーマップを活用すると、**共感力と洞察力を深め、他者の立場に立った解決策を探し出していける**ようになります。

▶ エンパシーマップ

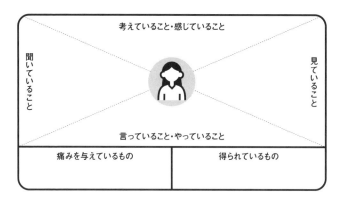

▶ エンパシーマップの例

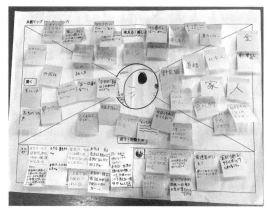

「ど冷えもん」(→P.138)の探究学習で実際に児童が作成したエンパシーマップ。グループでアイデアを出し合っていくことで、自分の想像を超えて共感力と洞察力が深まる。

# 自発的な探究を促す 教師の4つの役割

「探究学習をやるから、さあ課題を見つけよう！」と言っても、多くの子どもたちは取りかかるきっかけさえわからず、何をどうしてよいのか途方に暮れてしまいます。

そこで探究学習の具体的なプロセスに入る前に、「探究とは何か」「どういうことをやるのか」「課題を見つけるとは？」などの基礎講座が用意されています。

基礎知識を得て探究活動に入っていったあとは、教師の効果的なサポートも不可欠です。

教科学習での教師の役割は教えることと指導、すなわちティーチングとコーチングがメインです。けれども探究学習では、受容的・生成的・持続的な学びのステージに合わせ、4つの役割を使い分けて自発的な学びを後押ししていきます。

**探究学習における教師の4つの役割**

1 **インストラクター**:教える
2 **ファシリテーター**:引き出す
3 **ジェネレーター**:一緒に参加する
4 **メンター**:背中を押す

並んでいる名称を見て、「職場での部下育成と同じだな」と思われた方もいるでしょう。部下の成長を促すのも、子ど

もの学びを促すのも、大切なことは共通しています。やり方や考え方を教えたら、あとは自発的に学び、修得していけるように伴走する。ここが大事なのです。

では、4つの役割それぞれについて、どのように子どもたちと関わっていくのかを簡単に見ていきましょう。

## 役割 1：インストラクター

子どもたちが「受容的に物事を吸収するステージ」（→P.110）にいるときは、探究を深めていくための基本知識を正しく知ることが大事です。

ここでは、情報を印象で判断することなく、事実として客観的に正確に把握できるようにしていくことが、教師の役割になります。

**「インストラクター」として、より正確な情報を入手するための調査のやり方、新たな知識を取得する方法、現状分析のやり方などを教えていきます。**

## 役割 2：ファシリテーター

探究学習は、子どもたちが主体的・自発的に取り組んでこそ学びへとつながっていきます。

わからないこと、つまずいていることについて、常に教師が教えていると、子どもたちは教えられることに慣れてしまい、自らの力で進めていこうとしなくなります。

そのため**「ファシリテーター」として接し、子どもたちの**

力を引き出していくことが重要になります。

　とくに「生成的に仮説を立てるステージ」では、仮説を立てるためのアイデアをできるだけたくさん出していかなくてはなりません。

　子どもたちの発想を「それは違う」と否定したり、「こうしなさい」と指示したりせず、「なるほど、それならこんな解決策も考えられるね」「ほかにどんなのがあるかな?」と、アイデアを引き出していく関わり方が大切になるのです。

## 役割 3:ジェネレーター

　**「ジェネレーター」とは、自らも一緒に参加して、おもしろがりながら周囲を巻き込み、盛り上がりをつくる人です。** 周りに刺激を与え、全員の力で何かをつくり上げていくときのキーマンのような存在といってもいいでしょう。

　子どもたちがアイデアをたくさん出していく段階では、教師も一緒になって楽しみながら、アイデアを出していきます。子どもの発想をつぶさないようにしつつ、教師がもっている、大人としての知識や発想力を刺激剤として活用することで、子どもたちも楽しくアイデア出しや仮説構築を進めていくことができます。

## 役割 4:メンター

　実社会の中に入って、仮説にもとづいて検証行動を行っていく「持続的に検証を行うステージ」の段階では、**子どもた**

ちの活動を**バックアップしていく**のが、大事な役割となります。

　ここではメンターとして、「話を聞きに行ってみたら？」「大丈夫。とにかくやってみよう」と、子どもたちの背中を押すことが教師の仕事です。

　失敗があっても、「もう1回やってみよう」とプッシュしたり、改善点をフィードバックしたり、子どもたちが安心して動けるようにサポートします。それによって、自信をもって積極的にチャレンジしていけるようになり、自らの意思で行動する力も向上します。

▶ 探究の段階と教師の関わり方

| 探究の段階 | 問題と課題設定<br>（現状を正確に知る） | 課題解決の<br>仮説を立てる<br>（現状をほかのことと<br>つなげる） | プロジェクトの実施<br>（実行とフィードバック、<br>考察をくり返す） |
|---|---|---|---|
| 児童・生徒の<br>あるべき態度 | 素直に正確に<br>物事を吸収する | 現状や常識に<br>とらわれず<br>新たに仮説を<br>立てる | 持続的に<br>検証を行う |
| 教師の役割 | インストラクター | ファシリテーター<br>ジェネレーター | メンター |
| 教師の<br>関わり方 | 情報を正確に<br>収集・分析する<br>ために指導する | 人と違っていても<br>楽しみながら<br>アイデアを<br>あふれさせる | 行動を後押しする |
| | 誰でも自由に<br>意見が言える<br>雰囲気づくり | 自分の探究以外との<br>関連も探しながら、<br>視点を広げて<br>アイデアを洗練させる | よりよい未来を<br>意識させる<br>言葉がけをする |

# ディスカッションとディベートで自分の考えをブラッシュアップ

　探究学習では、グループに分かれてのディスカッションなど、多くのグループワークが取り入れられています。個人ワークで調べ学習したことをもとに、グループで議論して探究テーマを決めていく。あるいは思考ツールを使って現状を整理したり、解決のアイデアを出し合ったりする。そのようにディスカッションを多用した学習を通して、子どもたちは多面的な見方があることを理解します。

　**異なる知恵を出し合って、話し合いながら課題解決への方向性を探り、複雑な課題解決に取り組むなかで、他者理解が進み、コミュニケーション力も養われていきます**。これが、グループワークのメリットです。

## ディスカッションで考えを俯瞰する力が育つ

　探究学習の代表的なグループワークには、ディスカッションとディベートがあります。

　学習のなかで、日常的に取り入れられているのがディスカッションです。自由に意見を出し合いながら、協働してある問題を解決していく話し合いの場です。

　**ディスカッションの目的は、自分ひとりだと偏りがちな見方や考え方を、俯瞰的、多角的な視点で捉えていけるようにすること**です。

議論を通じて、ほかの人たちの意見から自分の思考を見直し、新しい視点を獲得できる。また相手に自分の意見や考えを理解してもらうため、考えを組み立てて言語化する。このように、自分の考えを構造的にまとめていく思考力、他者の考えを取り入れてブラッシュアップさせていく内省力、齟齬《そご》がないように考えを伝える表現力などがついていきます。

## 論理的思考力、批判的思考力を伸ばすディベート

　ディベートは、異なる立場に分かれて意見を戦わせ、論じ合うものです。ひとつのテーマについて肯定派と否定派に分かれて論戦をくり広げ、最終弁論をもって勝敗が決まります。

　ディベートでは、個人的な考えとは関係なく、自分が割り振られたほうの立場でリサーチを行い、十分なエビデンスを用意して立論しなくてはなりません。

　肯定派・否定派の子どもたちは、立論のためのリサーチに加え、相手の主張を聞いて、論を組み立て直して反論したり、相手側から出てくる反論を予想して原稿を作成したりする必要もあります。

　また、試合の勝敗を決めるジャッジ（審判）、オーディエンス（観客）に向けて、論理的説得力のある主張をしていかなくてはなりません。

　ジャッジとオーディエンス役の子どもたちも、論戦の内容をしっかり聞き、どちらがより論理的で、納得のいく主張かを判断することが求められます。

　**ディベートを行うことで、子どもたちは論理的思考力、批**

判的思考力を伸ばしていくことができるのです。

　大阪府の東香里小学校では、2021年から探究学習の一環としてディベートを取り入れています。ディベートを続けてきた子どもたちは、相手の話を理解したうえでクリティカルシンキングができるようになっていきます。

▶ ディベートの様子

東香里小学校の6年生が行ったディベートの様子。自分が主張する立場を決め、その主張を論理的に考えて発表する。

　探究学習には、子どもたちを大きく成長させるプロセスが用意されています。プロセスを通して、目的達成に向け主体的に動いていくようになります。さまざまなツールを使って深く思考し、ディスカッションやディベートによって思考力や表現力をつけていくようにもなります。

　このような多様な力を育てていくのが探究的学びです。その成果を次の章で紹介していきましょう。

第 **4** 章

──────────

「探究学習」に
取り組む
子どもたちの
課題解決力

探究心に火がつくと、
子どもはどれほどの力を発揮するのか?
「探究の達人」による授業例と
大人の想像を超えるアイデアと行動力で
課題解決に取り組む子どもたちの実例を見てみましょう

# SDGsの視点から
# ワクワクしながら未来をつくる!

**枚方市立東香里小学校（大阪府）**

磯西重行教諭を中心に、2021年から探究学習を実践。思考ツールや動画、ディベートなど多様なツールを活用し、SDGsを素材として深い思考力、対話力、プレゼン力を育てている。

**Project 1**

## 自由な発想で
## 未来の自動販売機を企業に提案!

—— **探究ポイント**
- 冷凍自動販売機「ど冷えもん」の課題を解決!
- 思考ツールを使いこなして発想を広げる・深める
- 企業との共同で、さらに深い探究が可能に

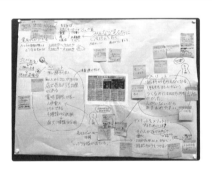

### —— ひとつの新聞記事から始まった

　東香里小学校では、新聞を4紙とっています。「総合的な学習の時間」では、児童が興味をもちそうな記事、おもしろがりそうな記事を選んで、SDGsの観点から話し合う授業を

行っているのですが、6年生にある新聞記事を読ませたとき、児童からいつも以上に大きな反応が返ってきました。

記事の見出しは『冷凍自動販売機「ど冷えもん」新市場開く』。冷凍食品を購入できる自動販売機「ど冷えもん」が、新型コロナウイルス感染症の影響で客足が減り、売上減少に直面する外食産業の救世主になっているという内容でした。
「ど冷えもん」というのは、国内で初めての冷凍自動販売機で、人手がいらず24時間商品を販売でき、しかも冷凍食品は賞味期限が長いため廃棄もほとんどないことから、導入する企業が増えているとのことでした。

それに対して「どう思う？」と児童に尋ねたら、「これって、すんごい電気を使うんとちゃう？」「人の仕事がなくなるやん」「無人やから、盗まれるかもしらんやん」「自販機を置く場所、どうすんの？」など、問題点が次々とあがってきたのです。

そこで急遽、**「自分たちがど冷えもんを設置するとしたら、その問題点をどう解決する？」というテーマで探究して**いくことにしました。

## ── SDGsの視点から「ど冷えもん」を考える

まず行ったのは、**グループワークで「ど冷えもん」のメリット・デメリットは何か、自分はどう考えるかを模造紙に書き込んでいく**こと。

書き方は自由です。マインドマップ（→P.114）で整理しているグループもあれば、付箋を使って、自由にグルーピングや整理をして考えているグループもありました。

タブレットで情報を調べるなどしてメリット・デメリットを考え、考えたことを整理していく作業がひと段落すると、児童自ら「じゃあ、これってどう解決したらいい？」と、解決策をどんどん考え始めたのです。

　たとえば冷凍食品にはプラスチック容器が使われるため、「プラスチックゴミで自動販売機の周りが汚れる」「ゴミが増えて地球環境によくない」などのデメリットがあります。

　また無人販売で24時間動かせることは、「人件費がかからない」「いつでも買えて困らない」「コロナ禍でも安心して食べ物が買える」といったメリットがある反面、「働いていた人が働けなくなって給料がもらえなくなる」「電力をたくさん使う」「電気代が高くなる」などのデメリットが見つかりました。

　自分たちで調べて、「普通の自動販売機の電気代は2000～4000円だけれど、『ど冷えもん』は7000～8000円かかるから高い！」と、根拠を書いている子たちもいました。

　ほかにも「カチコチだから買ってすぐに食べられない」「質問ができない」「災害が起きたら電気が止まって使えなくなる」というものもありました。

マインドマップで、「ど冷えもん」のメリットとデメリット、そこから生まれたアイデアを整理する。

見つけた問題点に対し、子どもたちが考えた解決策には、次のようなものがあります。教師から見ても、「なかなかいいな」と思えるアイデアばかりです。

**「ど冷えもん」の課題を解決するアイデア**

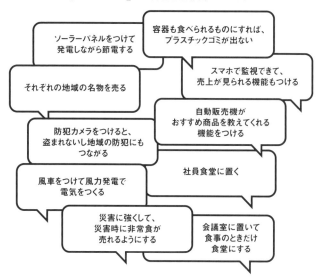

　グループの中で意見を出し合ったり、話し合ったりしながら、児童だけでここまでのものをまとめました。しかし、学習はここで終わらなかったのです。

## ──「ど冷えもん」が学校にやって来た！

　解決策を考えて、この学習はひと区切りと考えていたのですが、そこからさらなる展開が待っていました。「ど冷えも

ん」を製造販売している東京都のサンデン・リテールシステム株式会社、そして機能性飲料などの自動販売機を取り扱っている大塚ウエルネスベンディング株式会社の2社と共同ワークを行うことになったのです。

　小学生が自動販売機の新しい可能性を考えているということを聞き知って、「将来メイン顧客となる子どもたちの柔軟な考えを聞きたい」と担任の磯西教諭にご連絡をいただいたのがきっかけでした。

「ど冷えもん」と大塚ウエルネスベンディングの自動販売機を、約1か月間、校内に設置してもらえることになりました。

　そうなると、ますます張り切るのが子どもたちです。

　実機が設置された翌日、実物を見ながら仕組みなどを説明してもらい、その後、両社の方々も交えて子どもたちをグループ分けし、企業側から用意された解決したい24個の問題の中から子どもたちが4つ選び、グループディスカッションがスタートしました。

自動販売機の説明を受けたあと、企業の方々と共同でディスカッションを行った。

## ── 思考ツールを活用して理想の自動販売機を考える

　第3章で紹介したマインドマップ、エンパシーマップ、アンビシャスターゲットツリーなどを子どもたちが選び、課題を整理し、理想の自動販売機のアイデアを練り上げていきました。そして最後は振り返り、感じたこと、学んだことなどをそれぞれが付箋に書き込んで大きな紙に貼りました。

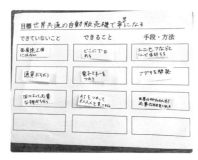

目標を達成するために、今はできていないこと、できること、具体的な手段を考える。

　そのなかで出てきたのが、翻訳機能をつける、自動販売機に入れたお金の一部が寄付できるといった画期的なアイデアでした。

　企業の方々とのワークは、「大人はやっぱりすごい」「いつもより意見がたくさん言えた」など刺激になり、大人と対等に意見を出し合った経験が、自信や成長につながりました。

　東杏里小学校が探究学習で重視している**思考ツールやフレームワーク、ディベートを活用しながら、手を動かして、深く、多角的に考えられる力を小学生時代に育てていく**こともこの共同ワークに活かされました。

# 世界と未来を変える
# ロボットをつくろう！

探究ポイント
- 大きな社会課題を「自分ごと」として考える
- 課題解決とプログラミングの融合
- アウトプットする力がしっかり育つ

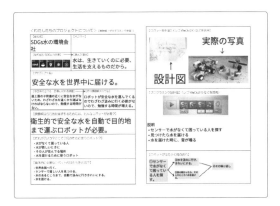

## ── 世の中を変えられたらすごいよね！

理想の未来をつくる会社を起業して、SDGsの目標達成のため、問題を解決できるロボットを開発しよう！──2021年に、4年生の「総合的な学習の時間」で取り組んだのが、このプロジェクトです。

プロジェクト名はズバリ「未来をつくるプロジェクト」。**プロジェクトミッションは「自分ごととして探究的な見方・考え方を働かせ、目的や根拠を明らかにしながら、自己の生き方を考えることができるようにする」こと**。

仲間と会社を起業するかたちにしたのも、自分ごととして

未来を考えてほしかったからです。

「自分たちのアイデアで世の中が変わったらすごいよね！」とワクワクして、頭を一生懸命に使って考える。そしてロボットの設計図も作成して、「レゴ® WeDo 2.0」で実際にロボットをつくってみる。最後はPR動画の作成。これがプロジェクト全体の流れです。

まずは取り組む課題を決めて会社をつくり、解決策を考えて、報告書を作成するまでを前半としました。

後半では、立てた計画を実現させることを目的にしました。具体的には、勉強してきたプログラミングを活用し、課題解決のためのロボットを作成し、それをプレゼンテーションすることです。

子どもたちが目指すのは、「どれだけすごいものがつくれるか」です。

## —— 未来のための会社をつくる、「事業」を考える

最初にやったのが、フューチャーマッピング（→P.124）で2030年の未来の姿をイメージする作業でした。**自分たちが19歳になる2030年に、SDGsの問題が解決できている**とイメージし、**そこからバックキャスティング（→P.67）で、今、何を解決すればよいかという視点で課題を決める。** この作業を通して、課題を浮き彫りにしていきます。

次に友だちと会社を立ち上げて、会社で取り組む事業を計画しました。

「貧困状態の人を減らしていくために人にやさしくしよう！」「安全な水を世界中に届ける」「食料がいっぱいな世界

をつくろう！」など、各会社でプロジェクトを立て、プロジェクト遂行にあたって、調べ学習で現状や問題点をリサーチ。

そこから課題を見つけ出し、クラウド（→P.121）やロジックブランチ（→P.118）といった思考ツールを使って、課題解決につながる具体策を考えていきます。

事業計画ができあがったら、「にぎやかな場所」をイメージして「バザール」と名づけ飾りつけをした廊下に掲示して、自分たちの会社をみんなにプレゼンテーション。プレゼンについての改善点も「カイゼン」と呼び、「声が小さかった」など、互いにフィードバックし合いました。

プレゼンを目指して作業することで、伝わりやすいまとめ方が身につく。

#### ── 解決するためのロボットをつくろう！

そこから、いよいよ後半の実践編へ。会社が目指すプロジェクト達成に向け、課題を解決してくれるロボットを考案します。

どんなロボットが必要か、どのように使い、どんな働きを

するロボットにするかを考え、設計図を作成。その設計図を
もとに、プログラミング学習用の教材「レゴ® WeDo 2.0」
で、実際にロボットを組み立てました。

　ここでのポイントも「どれだけ『すげー！』と思えるもの
がつくれるか」です。実際、「すげー！」ロボットがいろい
ろ誕生しました。

「レゴ® WeDo 2.0」で自分たち
の考えた課題解決ロボットを実
際につくって動かしてみた。

　たとえば「安全な水を世界中に届ける」ことをプロジェク
トにしていた会社は、衛生的で安全な水を目的の場所に運ぶ
ロボットを考案。ロボットが水がなくて困っている人をセン
サーで探し、水をくんでその人のもとへ届けます。ブザーを
鳴らして、届いたことを知らせる親切機能ももたせました。
　ほかにも、絶滅危惧種を保護するため、密猟者を捕まえて
警察や管理機関に知らせるロボット、自動遠隔操作で海や陸
のゴミを回収して海を守るロボットなどもありました。緑地
や公共施設を安全・快適に使えるよう、犬のフンを回収しな
い飼い主に、サイレンとライトで回収を促すといった、身近
な課題を解決するロボットも発明されました。

## —— 動画で自分たちの会社をPR

　プロジェクト学習の総仕上げは、**報告書の作成と「自社の PR動画」の作成**です。

　PR動画は、子どもたちが画面に向かって話すだけだとおもしろくないので、CM風にやろうとなりました。

　慌てた社員が部屋に駆け込んできて「社長！　大変です！」と、困っている人がいることを報告する場面から始まります。それに対して「それはよかった！　ちょうどその問題を解決するロボットをつくったところだ！」と、自分たちの成果を発表するという内容です。子どもたちが考えた構図やカメラワーク、迫真の演技は見ものでした。

PR動画で自分たちの解決策を説明し、実際にロボットを動かしてみせた。

　「未来をつくるプロジェクト」は、SDGsについて理解を深め、会社をつくり、テクノロジーを使って社会的課題を解決していくプロセスの実践です。

　4年生だと、年齢でいえば9歳もしくは10歳ですが、大人

が驚くような成果を見せてくれました。

　学習の前と後で子どもたちに意識調査を行ったのですが、学習後は、16項目中13項目で数値が向上しました。

　たとえば「SDGsについて興味がある」は96%から100%に、「SDGsについて理解している」も88%から98%になりました。

## ── コミュニケーション力＋自尊感情がアップ

　それだけでなく、とくにうれしかったのは、グループでの協働が子どもたちの成長を促してくれたことです。

　アンケートでは、「人の話を聞くことが好きだ」「自分の考えと同じところと、違うところを考えながら聞くことができる」「話し合う活動を通じて、自分の考えを深めたり、広げたりできる」などの項目も向上しました。これはグループワークならではの成果です。

　人の話を聞いて納得し、自分の考えを振り返ってブラッシュアップする。自分の考えを伝えたら、相手も「うん、そうだね」と納得してくれた。こうした経験は、子どもたちのコミュニケーション力を向上させると同時に、自尊感情も高めてくれます。

　自分への自信が生まれることも、このプロジェクト学習の成果といってよいかもしれません。

# 学びが無限に拡大する
# 未来創造探究

## 福島県立ふたば未来学園中学校・高等学校（福島県）

東日本大震災後の2015年に開校した中高一貫校。変革者の育成を目指し、荒康義教諭（2021年度まで在職）が中心となって、いち早く独自のカリキュラム「未来創造探究」を開発した探究学習の先駆者的存在。

**Project 3**

## ファーマーズマーケットで
## 震災の風評被害を変えたい！

── 探究ポイント
- 地域の課題からプロジェクトを立ち上げ
- ゼロを1にする行動力
- 探究学習から実社会で実践するプロセスを体得

## ── 野菜が売れず苦しんでいる祖父を救いたい！

2017年8月19日、福島県双葉郡で1日限り、地域で初めての「ファーマーズマーケット」が開かれました。開催したのは地元の農業関係者ではなく、ふたば未来学園の高校生が立

ち上げた学生団体「FMふたばプロジェクト」。FMはファーマーズマーケットの略称です。

このプロジェクトは、高校の1期生として入学してきた佐藤勇樹君の「祖父を救いたい！」との切実な思いで始まりました。

彼は小さな頃から、祖父が畑でつくるトウモロコシを生で食べてきました。自然な甘さがあって、スナック菓子よりおいしいと思っていたそうです。

ところが2011年に東日本大震災と原発事故が起こり、放射線の影響で福島県双葉郡の地域農業は壊滅状態に。除染が進み、農業が再開してからも風評被害で農作物が売れず、苦しんでいる農家が多数ありました。彼の祖父母も、そうした農家のひとつでした。

何もやる気が起きず、抜け殻のようになっている祖父の様子を目の当たりにして、彼はずっと「とにかく元気を取り戻してほしい！ それにはどうしたらいいだろう？」と考え続けていました。それが探究学習の出発点となったのです。

## ── リサーチから地域課題を見つける

当校の高校では、開校当初から1年次と2・3年次で分け、探究学習への取り組みを進めています。

**2年次から始まる「未来創造探究」のベースとなるのが1年次の「ふるさと創造学」の時間です**。この「ふるさと創造学」での探究学習で、佐藤君は祖父母の暮らす双葉郡広野町の地域課題をリサーチし、2つの課題を発見しました。

▶ 探究学習の全体像（2021年度以前のもの）

| | 1年生 | 2年生 | 3年生 |
|---|---|---|---|
| ステップ | 復興に向けて複雑な地域課題を多面的に理解する | 復興に向けた地域課題解決の探究と実践 | 復興に向けた探究成果発表と自らの進路表現 |
| 授業名 | ふるさと創造学<br>（産業社会と人間）<br>[2単位] | 未来創造探究<br>（総合的な学習の時間）<br>[3単位] | 未来創造探究<br>（総合的な学習の時間）<br>[3単位] |

　ひとつは避難指示が出たことによって、避難解除後の地域の交流が以前のようにはできなくなっていること、もうひとつが風評被害による農作物の販売総額の減少です。

　高校1年の終わり頃には、「地域交流の復活と双葉郡の野菜のイメージアップを結びつけた何かがやりたい」というところまで、考えが固まっていました。

　その「何か」を見つけたのが、高校2年の夏休みです。ソフトバンクグループが主催した、アメリカのカリフォルニア大学バークレー校で地域貢献とリーダーシップを学ぶ「TOMODACHIサマー2016 ソフトバンク・リーダーシップ・プログラム」に参加したのです。そのとき、初めてファーマーズマーケットを訪れて「これこそ、2つの地域課題を同時に解決する解決法だ！」とひらめいたのです。

「探究学習で何をやるのか？」と佐藤君に尋ねたところ、「ファーマーズマーケットをやりたい！」と力強い答えが返ってきました。

## ── まずは農業を知るために仲間と農業体験

しかし、自分が農業をまったく知らないことに気づき、「マーケットをやる以上、自分も農業を学ばなきゃ」と考えたようです。帰国後にまず実行したのは、多くの農家とつながりがある直売所を訪ねること。レジ係の方に「農業について教えてください」と切り出し、その場にいた農家の方を紹介してもらいました。

夏休みが終わるまでほぼ毎日直売所に通い続け、農業のこと、震災後の苦労などを聞いているうち、「農業をやりたいなら畑を貸してあげる」という話になりました。それを聞いて、「仲間を募りながら農業をやってみたらいいじゃないか！」と荒から猛プッシュ。それもあってか、佐藤君も「ファーマーズマーケットで地域農業を救うには、農業そのものを体験する必要がある」と腹を決めたようです。

しかし、マーケット開催の資金がないことも課題でした。その解決策として、クラウドファンディングがあること、学生団体をつくっておくと資金集めがスムーズにいくことも荒から伝えました。

そうした経緯で、彼が代表となり立ち上げたのが「FMふたばプロジェクト」です。

プロジェクトでは、思いに賛同して集まった仲間と畑を開墾するところから始め、知り合った農家の方に教えてもらいつつ、試行錯誤しながらさまざまな作物を育てていました。せっかく育った作物が虫によって全滅させられたり、スズメに食べられたりする経験もし、農業の大変さも体験しました。

第4章 「探究学習」に取り組む子どもたちの課題解決力 ｜ 153

活動の様子はフェイスブックで発信し、そこから地域の方や遠方で応援してくださる方とのつながりも広がっていったようです。

FMふたばプロジェクトのプレゼン資料。ファーマーズマーケットを開催する効果をデータや図解を用いて説明した。

## ── 知らぬ間に記者会見までセッティング

ファーマーズマーケットに出会ってからの彼の行動力には、目を見張ることもしばしばでした。なかでも、荒がひっくり返りそうになるほど驚いたのが、突然「記者会見をやるので一緒に出てください」と言われたことです。

いつの間にかクラウドファンディングに申し込み、さらには町役場の担当者と打ち合わせて、募集告知の記者会見までセッティングしていたのです。報道関係者向けのプレスリリースも、すでに準備済みでした。

寝耳に水でしたが、広野町町役場で行われた記者会見には荒が同席。いざクラウドファンディングが始まると、目標の10万円を大きく超える額が集まりました。

## ── 福島大学合格、復興プロジェクト立ち上げ

　2か月後には、ファーマーズマーケットも予定通りに開催。残念ながら、当日は思っていたほどの人が集まりませんでしたが、地域の大人の誰ひとりとして「発想」も「実行」もしてこなかったファーマーズマーケットを、高校生がゼロから取り組み、自分で資金まで集めて実現させたのです。

当日は地域の人々が農作物や
加工品を持ち寄った。

　開催までのプロセスで、彼は周囲との連絡やコミュニケーションがいかに大事かを学びました。当日、思ったほど人が集まらなかったことに関する振り返りと分析も行いました。また、学校が用意したニューヨーク研修で自分の体験を発表したいと、英語の勉強にも熱を入れるようになりました。

　彼の取り組みが内閣府地方創生推進室が行っている「地方創生政策アイデアコンテスト」で表彰され、推薦入試で福島大学に合格。在学中に復興プロジェクトを立ち上げ、震災体験を語り継ぐ語り部としての活動を始めました。

　火がつけば、子どもは自ら動き、周囲を巻き込んで、ゼロからつくり上げられることを佐藤君は証明してくれました。

**Project 4**

# 地域の産業を救う!?
# 鉄玉子の可能性

—— **探究ポイント**
- ●学習を通して視野と知識が拡大
- ●失敗から学び軌道修正していく力
- ●探究での気づきからキャリアを変更

## —— 目指していたのは南部鉄器職人と薬剤師

　岩手県の名産「鉄玉子」に着目し、高齢者や子どもたちに
貧血が多いという課題と、地域産業の可能性を探し出すとい
う課題に取り組んだのが、女子生徒2人による探究学習です。

　取り組んだ内容は、地元の海砂から砂鉄を集め、製鉄炉を
つくって集めた砂鉄を鋳造し、自分たちで「鉄玉子」をつく
るというなかなかの難題でした。

　もともと、ひとりの生徒は地元である福島県が古くからの
鉄生産地であったこともあり、「南部鉄器職人になりたい」
との夢をもっており、岩手県の南部鉄器職人のもとを実際に

156

訪ねて、1週間弟子入りした経験がありました。

　もうひとりの生徒は薬剤師を目指していて、貧血解消には鉄分の摂取が必要との知識をもっていました。

　探究テーマを決める際には、それぞれ「高齢者と子どもの貧血を改善するにはどうするか」「地域産業の可能性を生みだすにはどうしたらよいか」と問いを立てました。2人が話し合って行き着いたのが、岩手県の名産である南部鉄の「鉄玉子」を課題解決に使えないか、というものだったのです。

## ── 調べ学習で得た情報をマインドマップで整理

「鉄玉子」をつくるというテーマは決まったものの、材料はどうするか、どうやってつくるのかなどの問題がありました。かつては砂鉄から鉄器をつくっていたということを知り、自分たちも砂鉄を使うことに決め、調べ学習をスタート。

　地域産業としての可能性を探すため、南部鉄器の職人に改めて製鉄の話を聞きに行ったり、福島県文化財センター白河館「まほろん」を訪ねて古代製鉄について調査を進めたりしました。

　福島県の浜通りは、じつは古代律令国家の時代、「たたら製鉄」の代表的な鉄生産地でした。それを知って、2人の調べ学習は、日本列島と鉄の歴史や考古学の分野にまでどんどん広がっていったようです。また鉄の性質や、人体における鉄分の効果についても調べを進めていきました。

　歴史や考古学にまで手を広げたため、「鉄玉子」以外でも、テーマにできそうなものがいくつか出てきました。

　そこで「マインドマップ」を作成して情報を整理。「やっ

ぱり製鉄炉をつくって、集めた砂鉄から鉄玉子をつくったらいいんじゃないか」と方向性が定まり、実際に鉄玉子づくりがスタートしたのです。

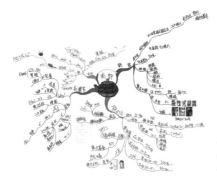

マインドマップで、鉄の可能性を広げていき、そこから目指すべき方向性を整理。

#### —— 地元の海砂から砂鉄集めに成功！

まず着手したのが浜通りの海岸の砂から砂鉄を集めることでした。南北100kmの範囲から数か所の地点を選んで砂を採取し、ネオジム磁石を使って砂鉄採りを試みました。しかし、採れた鉄はたった数グラム。そこで、「まほろん」で教えてもらった「鉄穴流し」という方法に切り替え、合計20kg以上の鉄を集めることに成功しました。

集めた砂鉄は、地区ごとに分けて福島大学に分析をお願いしました。ところがここで思わぬ結果が。なんと、採取場所によってチタンが含まれていたり、鉄よりケイ素が多かったり、成分がまったく違うことがわかったのです。

「こんな砂鉄から、果たして鉄がつくれるのか……？」と、

本人たちはもちろん、2人を見守ってきた荒も途方に暮れそうになりました。

水路をつくって水を流すことで砂に混ざった砂鉄を分離させる「鉄穴流し」を試みた。

しかも、もうひとつ、製鉄炉づくりという難題が待ちかまえていました。そもそも製鉄炉をどうつくればよいかわからなかったのです。

## ── 試行錯誤と失敗の連続

そこで考えたのが、鉄の扱いはピカイチの刀匠を訪ねることです。目の前の壁を乗り越えるヒントをもらおうと考えたわけです。残念ながら訪問日に刀匠にお会いすることはできなかったのですが、日本刀ができあがるまでの過程を知ることができたのは、ひとつの収穫でした。

また、鉄研究の専門家である福島県文化振興財団・遺跡調査部の吉田秀享先生にお会いすることができ、鉄に関する知識、砂鉄から鉄を取り出す炉の設計、鉄を溶かすには1538℃の温度が必要なことなどを教えていただきました。

ようやく光明が見えてきて、いよいよ製鉄です。

製鉄は、ふいごを使う「たたら製鉄」の技法で行うことに

し、ペール缶、ブロアー（送風機）、豆炭、石炭など、必要な材料を準備して、炉づくりに取りかかりました。

しかし、完成した製鉄炉第一号は失敗！　炉の温度が十分に上がらなかったのです。うまくいかなかった原因を検証した結果、炉の高さが足りなかったことが判明しました。

そして改良して高さを出した第二号炉で再チャレンジ。ところが、これまた失敗……。砂鉄は溶けたものの、スポンジ状に穴の開いた金属の塊になってしまいました。

鉄玉子づくりの道のりは、なかなか険しいものでした。

試行錯誤しながら、自作の製鉄
炉で製鉄にチャレンジした。

## ── 視野が広がり、キャリアも変わった

2回の失敗からついに成功！　と行きたいところでしたが、ここで彼女たちは大きな気づきを得ます。「自分たちの身近にある鉄製品が、ものすごいエネルギーを使ってつくられている」ということです。

炉づくりをひと休みして、ここまでを振り返ったところ、9.75kgの砂鉄を使って、つくれたのは、たった23gの鉄が含まれた金属の塊だったことがわかりました。しかも、この

23gの金属をつくるのに石炭を54kgも使っており、それを燃やすことで生まれた二酸化炭素を計算すると、なんと200kgにもなっていたのです。

　もうひとつわかったことがありました。鉄玉子の貧血改善効果を検証した論文によると、鉄の成分によっては、体内に入ると健康上問題になる可能性があるというのです。成分についてしっかり理解しないまま、自力で鉄玉子にすることはリスクがあるのではないかと判断しました。

　卒業前に彼女たちが出した最終結論はこうです。

　地域で砂鉄は採れるので鉄製品をつくることは十分可能。でも鉄製品をつくるには大量のエネルギーが必要で、たくさんの二酸化炭素も排出する。カーボンニュートラルを考えたら木炭の利用がいい。ただし、自力で鉄玉子をつくるのはさまざまな課題がある。だから刀匠のところで教えてもらった鍛造技術でナイフなどをつくるとよいのではないか――。

　地域産業の可能性と健康問題の解決をテーマに始まった彼女たちの探究は、学習を深めていくなかで試行錯誤や失敗を経験し、軌道修正が必要になりました。

　でもだからこそ、エネルギー利用という地球規模の問題や日本列島の鉄の歴史などへ視野が広がりました。**多くのことを学べる点で、探究学習の失敗は「失敗」ではないのです**。

　彼女たちが目指す道も探究学習で変わりました。

　卒業後、南部鉄器職人を目指していた生徒はものづくりを通して社会をよくしたいと考えてトヨタ自動車の専門学校に進み、現在は本社で働いています。薬剤師を目指していた生徒は現在、福島大学で環境問題について学んでいます。

# 高度な情報スキルが身につく
# キャリア教育

東京都で唯一となる2006年開校の区立中高一貫校。須藤祥代主幹教諭の担当する教科「情報」は、探究的学びにもとづくキャリア教育プラン「九段自立プラン」を根幹で支えている。

**Project 5** 「情報」+「探究学習」で
点と点がつながるキャリア教育を

── 探究ポイント
- 2つの教科を融合させて課題解決力を養う
- コンテストで外部からのフィードバックを得る
- キャリア教育の一環として探究する

── **中高一貫だからこそできる6年間のキャリア教育**

　九段中等教育学校では、**主体的に学び行動できる力や、将来の生き方を考える力を養うため、「九段自立プラン」という中高一貫校ならではの6年間のキャリア教育**を行っています。

発達段階に応じた体験活動を通して課題解決力や創造的思考力を養う「学年プロジェクト」と、将来の生き方を考え、キャリア形成に取り組む「進路ワーク」の大きく2つに分け、1・2年生は「基礎学力養成期」、3・4年生は「充実期」、5・6年生は「発展期」として位置づけています。

「学年プロジェクト」では、課題の発見や、問いの立て方、情報の収集と整理、アンケート分析やプレゼンテーションなど、課題解決のために必要になる「学び方スキル」を身につけます。

「進路ワーク」では、将来の生き方を考えるため、企業・団体や大学などと協力し合い、社会で活躍する力を身につけるために、本物に触れる体験活動を重視しています。

## ── 教科としての「情報」とは？

「情報」は、2003年4月から、高校で新たに導入された教科です。2025年の大学入試から、「情報Ⅰ」が試験科目としても新設されます。

とはいえ「情報」と聞いて、何を学ぶのかピンと来ない方も多いのではないでしょうか。それに、ひと口に情報といっても、網羅する範囲は広くなっています。

情報の授業では、Society 5.0（→P.22）において必要な情報を科学的に分析する力、問題の発見・解決のために情報と情報技術を効果的に活用するスキルを身につけることを目指します。

共通必修科目の「情報Ⅰ」では、「情報社会の問題解決」「コミュニケーションと情報デザイン」「コンピュータとプロ

グラミング」「情報通信ネットワークとデータの活用」を学びます。

その先の科目として「情報Ⅱ」があり、ここでは「情報社会の進展と情報技術」「コミュニケーションとコンテンツ」「情報とデータサイエンス」「情報システムとプログラミング」「情報と情報技術を活用した問題発見・解決の探究」といった、より応用的・実践的なスキルを学びます。

「情報Ⅰ」も「情報Ⅱ」も、「情報活用能力」の育成を目指していますが、**情報を活用した問題解決の方法を学ぶという点で、探究学習ととても親和性が高い**のです。

#### ──「情報」の授業が探究学習の導入になる

須藤の担当する授業では、「情報」の教科と「総合的な探究の時間」でカリキュラムマネジメントをしています。

高校に入ると、探究学習は「総合的な探究の時間」として、本格的な課題解決能力の育成に入ります。

**情報の授業では、情報社会における問題解決の基本を学習します。次にグループワークでアンケート実習を行い、データの活用について学びます。**

先に「情報Ⅰ」でここまでをやっておいてから、「総合的な探究の時間」で、テーマ設定と事前調査に入っていくことで、スムーズに「総合的な探究の時間」へと移っていくことができます。

▶「情報I」と「総合的な探究の時間」のカリキュラム

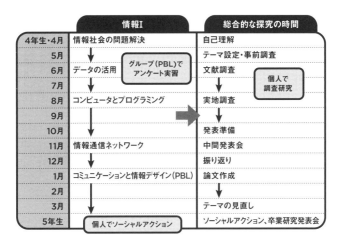

| | 情報I | 総合的な探究の時間 |
|---|---|---|
| 4年生・4月 | 情報社会の問題解決 | 自己理解 |
| 5月 | | テーマ設定・事前調査 |
| 6月 | データの活用 | 文献調査 |
| 7月 | | |
| 8月 | コンピュータとプログラミング | 実地調査 |
| 9月 | | |
| 10月 | | 発表準備 |
| 11月 | 情報通信ネットワーク | 中間発表会 |
| 12月 | | 振り返り |
| 1月 | コミュニケーションと情報デザイン(PBL) | 論文作成 |
| 2月 | | |
| 3月 | | テーマの見直し |
| 5年生 | 個人でソーシャルアクション | ソーシャルアクション、卒業研究発表会 |

（注記：情報I欄 5～7月に「グループ(PBL)でアンケート実習」、総合的な探究の時間欄 6～7月に「個人で調査研究」）

—— スキルはこう身につけていく

「情報I」でのアンケート実習で学ぶのは、**問題解決学習に必要な、情報の収集・整理・分析・発信・統合などのスキル**です。

そこで、学習したスキルを「総合的な探究の時間」でも活用できるスキルにしていきます。

アンケート実習は、次のような流れで実施しています。

まずグループ全員で、テーマの決定・事前調査・仮説の設定・アンケートの計画・実施をし、アンケート結果の分析・考察を行います。

その後、役割に分かれて、資料作成（レポート・スライド・グラフ作成など）を行い、全員でプレゼンテーションを動画

▶ 事前学習と情報I「アンケート実習」

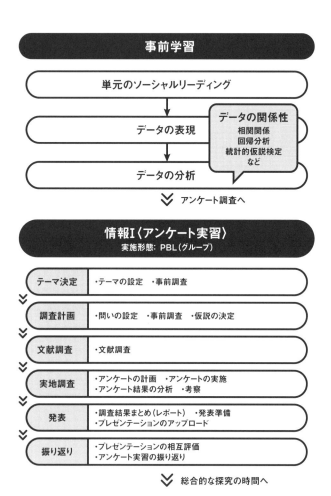

事前学習

単元のソーシャルリーディング

↓

データの表現

データの関係性
相関関係
回帰分析
統計的仮説検定
など

↓

データの分析

≫ アンケート調査へ

情報I〈アンケート実習〉
実施形態: PBL(グループ)

| テーマ決定 | ・テーマの設定 ・事前調査 |
≫
| 調査計画 | ・問いの設定 ・事前調査 ・仮説の決定 |
≫
| 文献調査 | ・文献調査 |
≫
| 実地調査 | ・アンケートの計画 ・アンケートの実施<br>・アンケート結果の分析 ・考察 |
≫
| 発表 | ・調査結果まとめ(レポート) ・発表準備<br>・プレゼンテーションのアップロード |
≫
| 振り返り | ・プレゼンテーションの相互評価<br>・アンケート実習の振り返り |

≫ 総合的な探究の時間へ

▶ 総合的な探究の時間「調査研究」と「ソーシャルアクション」

## 総合的な探究の時間〈調査研究〉
### 実施形態:個人

| テーマ設定 | ・自己分析　・テーマの決定　・事前調査 |
| 調査計画 | ・問いの設定　・仮説の決定　・調査研究計画 |
| 文献調査 | ・調査計画　・文献調査 |
| 実地調査 | ・調査計画、事前調査、アポイントメント<br>・実地調査の実施　・結果の分析　・考察 |
| 発表 | ・調査結果のまとめ　・発表準備　・ポスターセッション |
| 振り返り | ・調査結果、取り組み、発表の振り返り　・テーマの見直し |

## 総合的な探究の時間〈ソーシャルアクション〉
### 実施形態:個人

| テーマの見直し | ・テーマの見直し　・ソーシャルアクションの計画 |
| 事前準備 | ・事前調査、アポイントメント　・ソーシャルアクションの準備 |
| ソーシャルアクション | ・ソーシャルアクションの実施　・実施結果の分析　・考察 |
| 発表 | ・卒業研究のまとめ　・発表準備　・ポスターセッション |
| 論文 | ・発表の振り返り　・論文制作 |
| 振り返り | ・論文の振り返り　・卒業研究の取り組みの振り返り |

共有プラットフォームにアップロードします。

それをもとに個人で、アップロードされたプレゼンテーションを相互評価し、課題解決学習全体を総括する振り返りとしてのリフレクションに取り組んでいます。

## —— 連携させることで学びの質が向上

情報の授業で学ぶ内容は、**社会で活躍していくうえで不可欠な「ベースの能力」**です。

これから先の社会は、ますます膨大な情報を扱う社会になっていきます。**そのあふれる情報の中から必要な情報を取捨選択し、活用して、何かを創造していく力を身につける**ことは必須です。

単に知識や技術を学ぶのではなく、得たものをどのように活用するとよいのか、学びを深めるために、どの情報を選択し、学んだツールを使ってどのように表現していくのか。

**こうした態度やスキルを「情報I」で身につけ、「総合的な探究の時間」に生かす。**そして、**探究で取り組んでいるテーマをもっと密度の濃いものにしていくため、情報での学びを取り入れていく。**

そのようにして連携させていくと、どちらも学びの質が上がっていきます。

また、ここで学んだことは、「情報」と「総合的な探究の時間」だけでなく、他教科にも活かすことができます。

たとえば、世界史の授業で文化史について調べ、調べた内容を動画にまとめるといったことが自然とできるようになります。

## ── グループワークでチームビルディングを学ぶ

アンケート実習の問題解決型学習はグループで行いますが、グループのメンバーは教師が指定するため、たとえベストメンバーではなくても、スキルを活かしたり、コミュニケーション力で貢献するなど、**そのグループでの最高のパフォーマンスを出せるように役割分担をし、計画や話し合いを経て進めるよう促しています。**

これは、将来、生徒たちが社会に出てからも役に立つスキルです。

結果的には、ハイパフォーマーが多いグループや、リーダーがメンバーを引っ張るグループよりも、**メンバーが一丸となって動けるグループのほうがよい結果を出せることが多い**のです。

コミュニケーションがうまくとれずプロジェクトが成立しなかった場合も、それをひとつの経験として次につなげていきます。

## ── 外部からのフィードバックを刺激に

また、探究で取り組んできたことを深めていくためにも、高校での探究学習の集大成となる卒業研究では、専門家や第三者のフィードバックをもらうのが効果的です。

そのひとつの方法が、**授業で行ったテーマに関連するコンテストなどに応募する**ことです。

本校の生徒たちも、自分たちで気になるコンテストを見つけてはチャレンジしています。学校内で完結する学びだけで

なく、外の世界とつながることで生徒たちにも刺激になります。

　その分野を研究している大学の先生や他校の生徒と交流を深めることができる場合もあるので、進路選びや将来のキャリアを考えるよい機会になるでしょう。

#### ── 探究学習で志望大学に合格！

　総合型選抜や学校推薦型選抜の広がりで、「**総合的な探究の時間**」**で取り組んできた学習内容などを生かして希望進路に合格している生徒も増えています。**

　本校でも**2021年度、東京大学の学校推薦型選抜で合格した生徒が2名いました。**

　これまで合格はなかったことで、須藤が担当した学年ということもあり、合格の報せを耳にしたときは感慨深いものがありました。

　今後も、「九段自立プラン」をベースとした探究学習の成果が「情報」の学びとの相乗効果によってより高まることが期待されます。

## 第 5 章

家庭でできる
「探究心」の
育て方

学校での探究学習の効果を高めるために
家庭でできる取り組みもたくさんあります
子どもの思考力を育て、好奇心を刺激する
家庭での関わり方についてその一例を紹介します

# たくさんの「体験」で「探究」の種まきをする

　子どもの中に探究心の芽を育てることは、それほどむずかしいことではありません。子どもは好奇心、探究心のかたまりです。「これ、何だろう？」「これっておもしろいな」と思ったら、大人が何も言わなくても自ら究めようとします。

　触ると丸まるダンゴムシが不思議で、ダンゴムシ集めに熱中したり、図鑑やインターネットで生態をとことん調べたりして、専門家並みの知識を身につけてしまう小学生。釣りをしていて釣れる魚が変わったことに気づき、いろいろな本で「なぜ？」を解明していくうち、親より生態系や地球環境に詳しくなった中学生。こんな子たちはたくさんいます。

　下地として、すでに探究的素養を持ちあわせているのが子どもたち。ですから親がすべきこともシンプルです。**「なぜなんだろう？」という探究心や「おもしろそう！」という好奇心が生まれやすい「きっかけ」をつくる。**これだけでよいのです。これは、**「フックづくり」**ともいえます。

## 自然に触れて五感を鍛える

　では、具体的に何をしてあげればよいのでしょうか。その答えも至って簡単です。**体験と経験を数多くさせてあげること。**とくに、**五感を刺激してフル活用する体験であるほど、探究心が芽生えるフックとなってくれます。**

なかでも必須といえるのが、**五感刺激体験の最たるもので
ある「自然体験」**です。小中学生はぜひ取り組んでいただき
たいですし、高校生でも遅すぎることはありません。

　自由気ままに野山を駆け回る遊び方は都会ではむずかしく
なっていますが、たとえば大きな自然公園で自由に遊ぶ、キ
ャンプや山登りをする、川遊びや干潟遊びを楽しむなど、近
いものならたくさんあります。子ども向けのサバイバルキャ
ンプや自然体験教室、観察教室などもあります。

　**多種多様な生物に出会い、直に触れたり、時間を忘れて観
察する。不便で予測不能な条件のなか、遊ぶ道具を自分たち
でつくったり柔軟に遊び方を変えて、創意工夫する**。こうし
たことができるのが自然体験のよさです。

　バーチャルでさまざまな仮想体験ができてしまう時代だか
らこそ、生身の体で自然を感じる、皮膚感覚で自然を知るこ
とは、頭で学ぶ以上に子どもの探究心を刺激します。

　五感を通じて刺激を受けたこと、実際に体を使って試して

みたことは、脳と体に記憶としてしっかり蓄積されていきます。それが、のちのひらめきや発想力の素になったり、疑問や違和感から探究を深めるきっかけになったり、思いがけないところでつながっていくでしょう。

## 発想や創造は体験から生まれる

ほかに、青虫を飼って蝶になるまでの過程を観察する、プランターで野菜を育ててみるといった飼育体験・観察体験をする、レゴでいろいろなものをつくるなど、身近なところでも体験する機会はつくれます。

発想や創造は、体験したもの・ことの中から生まれます。**体を通じて蓄積された知見や知識をたくさんもっている人ほど、何かの拍子にそれらがつながって、ひらめきになったりするのです。**

ですから精神的にも肉体的にも大きく成長する高校生ぐらいまでの間に、できるだけ多様な体験をさせてあげましょう。のちのち、誰も思いつかなかったアイデアやサービスをつくり出し、世の中を変える人になるかもしれません。

## 博物館や美術館、科学館に連れていく

実物を見せる、本物と出会う。こうした体験も、子どもの興味・関心を広げたり、深めたりするのに効果的です。博物館、美術館、科学館などが全国各地にあるので、ぜひ活用しましょう。

虫が好きな子なら昆虫博物館、恐竜好きなら恐竜博物館、電車好きなら鉄道博物館など、その子の好きなものに合わせて選ぶのもよいですし、さまざまなタイプの施設を幅広く回ってみるのもおすすめです。

　今は、モノづくりや実験などができるワークショップやイベントを用意している施設も増えています。体感を重視した体験型ミュージアムも種類豊富です。なかには、パナソニックが展開している「AkeruE（アケルエ）」のように、探究学習の実践の場となることを目的とした体験型クリエイティブミュージアムなどもあります。

　美術館で本物の芸術に触れる、博物館や科学館で自然史や宇宙を知る、日常では体験できないモノづくりもできる。**ミュージアム巡りには、感性を養い、知識を深め、興味を広げて、「探究の種まき」ができる要素がたくさんあります。**

## デジタルの世界を五感で体験してみる

　デジタルテクノロジーでどんなことができるようになっているかを知る。こうした体験も大事です。

　アナログ体験は不可欠ですが、デジタルの世界を体感できる機会も、これから高度デジタル社会で生きることになる子どもたちには、大きな学びにつながります。

　たとえば博物館には、デジタルがつくり出すアートを体で味わえるところもあります。また東京国立博物館の「TNM & TOPPAN ミュージアムシアター」では、VR（仮想現実）で国内外の文化財に触れることができます。

家庭用のVR機器にも、ダリやゴッホの絵の中に入り、名画の世界を歩いて体験できるVRアプリが用意されています。

　名画の中を歩き回るなんて、VRでしか体験できません。楽しいだけでなく、感性も刺激され、デジタルテクノロジーの可能性を体で知るよい機会にもなります。

　脳が発達途上にある年代の子どもにはVRの使用は慎重になるべきとの報告もあるので、小学生までは使用に注意が必要ですが、中学生・高校生であれば、ひとつの学びにつながります。

### ▶ 探究心を刺激するミュージアム

**パナソニック クリエイティブ
ミュージアム AkeruE（アケルエ）**

SDGsやSTEAM教育をテーマとした探求学習の実践の場。「発想・創作・学び・共有・振り返り」のサイクルをまわし、これからの時代に必要な資質・能力を養う。

**TNM & TOPPAN
ミュージアムシアター**

ナビゲーターの説明を聞きながら大きなスクリーンでVRを鑑賞でき、実物に触れられるかのような文化財の新しい鑑賞体験ができる。

# 本を読む力、イメージする力を身につけておく

　読む力は、情報を通じて考えたり判断したり、創造したりする際になくてはならないもの。その力を小さいうちから養うことは、時代が様変わりして高度デジタル社会に突入しようとも、引き続き必要です。

「でも、いくら言っても、うちの子どもは本を読まない」「文章を読むのが嫌いで困っている」という保護者の声は少なからず耳にします。

　でも、忘れないでください。**読む力はもって生まれた能力ではなく、あとからいくらでも伸ばしていける力です。**家庭ではこのような働きかけを大切にしてみてください。

---

**子どもを読書好きにする工夫**

・小さい頃から絵本をたくさん読み聞かせる
・読後に「もし……だったら」を考えさせる
・子どもの実体験や興味・関心に合った本を提案する

---

　多くの情報は文字や言葉を通じて入ってきます。子どもたちが動画ばかり視聴していても、ペーパーレスが進んで情報を得る手段がパソコンやスマホなどのデジタルデバイス中心になっても、読んで情報を手に入れ、読んで内容を理解するという行為は変わらず必要になります。

まとまった文章を読んで、内容をしっかりつかみ取る読解力がついていると、そのぶん情報や知識が増えていき、語彙力も高まります。文字から想像する力も、想像から創造につなげるクリエイティビティも育っていきます。

　**新たな価値を創造できる人のほうが、より幸せになれる時代において、「読む力」が高いことは大きなプラスポイントです。**

　読むことへの心理的障壁をつくらないためにも、小さいうちから文字に親しみ、イメージする楽しさを経験させてあげましょう。


## 絵本をたくさん読み聞かせる

　絵本は、本好きにするための強力なサポーターです。**就学前からたくさん絵本を読み聞かせてきた子は、語彙力、表現力、思考力、想像力がついていくことも、各種調査からわかっています。**

　中高生でも、本を読む習慣が身についていない子にとって、文章量の少ない絵本は、抵抗をあまり感じずに本の世界に入っていける恰好の素材となってくれます。

　怖い顔で「読みなさい！」と言うより、絵本から読書に慣れさせていくのもひとつの方法です。「これは食いつくかも！」と思ったものを何冊か揃えてみましょう。

　絵本＝幼児向けというのも誤解です。たとえば佐野洋子さんの『100万回生きたねこ』（講談社）、池田香代子さんの『世界がもし100人の村だったら』（マガジンハウス）のように、

大人が読んでも心揺さぶられたり、考えさせられたりするストーリーの絵本がたくさんあります。

絵本とはいえ、内容は古典的名作といわれているものから、現代的なストーリー、SDGsの理解につながっていく内容まで多種多様。ですから、その子の心の琴線に触れる作品が見つかるはずです。「大人も読みたい絵本」として紹介されている作品なら、年齢の高い子どもも手に取りやすいでしょう。

また、絵を見ながらの読み聞かせとあわせて実践していただきたいのが、「耳だけで話を聞く読み聞かせ」です。

**絵の力に頼らず、耳から入ってくる言葉だけで物語を想像するので、「言葉を聞いてイメージする力」が養われます。**

想像力だけでなく、言葉に注意を向けながら集中して聴くことで、人の話を聴く力と集中力を高めることにもつながっていきます。

## 読後に「もし……だったら」を考えさせる

　絵本を読み終えたあと、「**もし、●●が××だったら、ど うなっていたと思う？**」と問いかけ、**想像させる、考えさせ て想像力を育てる**のもおすすめです。

　たとえば、有名な絵本『おおきなかぶ』なら、「もし、ね ずみが助けに来てもかぶが抜けなかったら、次は誰が来たと 思う？」と尋ねたり、「もし、かぶじゃなくて落ちたロケッ トだったらどうなっていたと思う？」とあえてストーリーの 設定から外れる質問をして、その先を子どもに考えてもらい ます。

　ぜひ、想像の羽が広がるような質問をしてあげましょう。 子どもはきっと、想像力を目いっぱい働かせて答えてくれる はずです。

　親も一緒に想像して、親子で想像した内容の奇想天外さを 競い合うなんていうのもおもしろいでしょう。子どもが質問 を考えて、親が答えを考える逆バージョンも楽しめます。

　あわせて、**子どもの答えに「なんで、そう思ったの？」と 聞いていくのも、考えて話す力を育てることにつながります。**

　質問を考えるにしても、答えを考えるにしても、想像力と 思考力が必要になります。また、どうしてそう思ったかを説 明するには、伝わる話し方を考えたり、知っている言葉を総 動員したりする力が必要です。

　小さいうちから、こうしたやり取りを日常的に経験してい ると、家庭でも思考力やプレゼンテーション力を養うことが できるのです。

## 実体験や興味・関心に合った本を提案する

　小学校高学年以上の子どもであれば、実際に体験したことを補強してくれる本もおすすめです。

　興味・関心のないものはやろうとしないのが子どもの本質。反対に、興味や関心をもったことは、大人が何もいわなくても、もっと知ろうとします。

　博物館、美術館、科学館で実物を体験したあとに図鑑や伝記をすすめてみたり、探究で取り組んでいるものと結びつけて、興味をもちそうな本を用意したり、**読みたくなったときに、いつでも手に取れるところに本を置いておくのです。**

　大切なのは、「**こういう本もあるよ。読んでみたらおもしろいかもしれないよ**」と教えるだけで、**無理強いしないこと**。なかなか手をつけなくても、子どもが「読んでみようかな」という気になるのを待ってください。

実物や動画で興味をもったものに
関する本を子どもの手の届くとこ
ろに置いておくのもおすすめ。

# ニュースや身の回りのことから
# 社会課題に触れる

　小さいときから　世の中のできごとに関心がもてるように
していくと、学校で探究学習がスタートしたときに、探究テ
ーマが見つけやすくなります。

　意識して取り上げておくとよいのが、**世の中の動きや
SDGsに関すること**。そうしたことに、はやいうちから関心
をもっておくと、学校での授業が身近になったり、理解しや
すくなったりします。高校生になってからの探究学習も深ま
っていきます。

　とはいえ子どもにしてみると、「世の中」や「世界」で起
きていることは、遠いできごとです。「関心をもちなさい」
と言って、すぐにもてるようにはなりません。ですからそこ
は親の工夫が必要です。

### 「どう思う?」という問いかけを入り口に

　簡単なのは、家族でテレビを観ているときに流れてきた国
内外のニュースや、ドキュメンタリー番組を題材に、**「どう
してこうなってるんだろう?　あなたはどう思う?」「これ
って、どうしたらいいと思う?」と子どもに問いかけて、子
ども自身に考えさせてみる**ことです。

　たとえば「この国の大統領はこう言っているけれど、どう
なんだろう?　あなたはどう思う?」「世界の10人にひとり

がご飯を十分に食べられない状態にあるんだって。これって どうしたらいいと思う？」というように質問して、子どもの 意見や考えを聞き、さらに親子で話し合ってみましょう。

　新聞の記事で親が気になったものを切り抜いたり、ネット ニュースで見つけたことをプリントアウトして子どもに見せ たりして、「この問題はどうしたらいいと思う？」と聞いて もいいでしょう。

　テレビやインターネットのニュース、新聞記事からは、社 会の仕組みや世界の情勢、科学の進歩、テクノロジーの進化 など、さまざまな動きがわかります。

　子どもの年代に合わせて話題にできそうなものを選び、親 子で考えて話し合う時間をつくってみてください。家庭で 「どう思う？」で始まるやり取りが当たり前になっていくと、 子どもも世の中のことに敏感になります。「これってどうい うことなんだろう？」と考える力もついていきます。

　身の回りで目にしたこと、体験したことから考えさせるこ ともできます。

　たとえばスーパーやコンビニで買い物をしたとき、「レジ 袋をもらうのにお金がかかるのはどうしてだと思う？」と聞 いてみる。電気自動車を見かけたら、「電気自動車が増えた ら、ガソリン自動車はどうなるのかな？」と話題を振ってみ る。このように、身近なところから、社会的な課題に触れさ せることも可能です。

　テーマが少しむずかしいと、「どう思う？」と聞いたと き、子どもから「わかんない」と返ってくるかもしれませ ん。そのような場合は、先に親の考えを伝えて、「お父さ

ん・お母さんはこう思うんだけれど、○○はどう思う？」と
尋ねてもよいでしょう。

## 違う視点や角度で見る大切さも教えよう

　小学校の高学年以上になれば、授業で学ぶことが深くな
り、知識もついてきます。「どう思う？」に対しても、しっ
かり考えて答えられるようになります。

　考える力がついてきたら、さらに踏み込んで「ニュースで
はこう言っていたけれど、これって本当かな。どう思う？」
と、違う視点や角度で考えられるような問いかけも増やして
いきましょう。

　大きなメディアであっても、必ずしも報道されていること
だけが正しいとは限りません。メディアを介して一般的に広
まっていることでも、違う角度から見ると、違う意見が出て
きたりすることがあります。

メディアの情報を疑い、判断す
るメディアリテラシーを養う。

とくに社会的な課題として存在するものは、必ずしも、あるひとつの答えだけが正解とは限りません。そして、第1章でもお話ししたように、**これからの社会では「正解」にたどり着くことよりも、自分なりの新たな最適解・納得解を見出すスキルが求められます**。

ですから**「これって本当かな？」と、できるだけ多角的に考えるクセをつける**ことが大事なのです。

さらにインターネットの情報にはフェイクと呼ばれるものも含まれています。探究学習では、リサーチの段階でネットを使う機会が多くなります。情報を疑ってみることは、玉石混淆（ぎょくせきこんこう）の情報の中から、信ぴょう性があり、信頼できるものを選ぶためにも大切です。

そうした点からも「これって本当かな？」の問いかけは効果があります。

## 考えた理由も子どもに尋ねる

もうひとつ心がけるとよいことがあります。**「どう思う？」の問いかけに対し、子どもが意見や考えを口にしたら、「どうしてそう思うの？」「なんで、そう考えたの？」と、理由を必ず尋ねましょう**。

自分がそう考えた理由を説明するためには、思考の整理が必要になります。もちろん最初のうちは、上手に理由を説明できないでしょう。

けれども、毎回忘れずに「なんで？」と尋ね、根気よく子どもの話を聞いてあげることで、やがて考える力、説明する

力がついていきます。

親が突っ込んで聞いてくることがわかっていたら、「なぜならこれがこうで、こう思ったから」をちゃんと説明しようとするようになります。

逆に、「自分はこれについて、こう思っているけど、お父さんたちはどう思うの?」と聞いてくるようになるかもしれません。そこまでいけば、世の中のいろいろなことにアンテナを広げている証拠です。

**アンテナがたくさん立っているほど、多くの情報や知識が入ってきます。はやいうちからアンテナをあちこちに立てておけたら、そのぶん、情報や知識がたくさん蓄積されていきます**。そこから、さらにまた世界が広がっていく。そんな相乗効果が生まれてきます。

### 子どもの考えや意見は否定しない

一方で、気をつけたいこともあります。子どもが考えて答えた内容をいきなり否定しないこと、正そうとしないことです。たとえつたない考えであっても、「へえ、そんなふうに考えたんだ」と、そのまま受け入れ、「よく考えたね」と、子どもなりに一生懸命考えた点をほめてあげてください。

奇想天外で突拍子もない内容であっても、「そんなのはおかしいよ」と否定せず、おもしろがるぐらいの気持ちでいましょう。

差別的なニュアンスが含まれているなど、「この考え方はよくないな」と感じたときも、まずは「そう考えたんだね」

と受け止めます。それから「でも、こういうことも言えると思うよ」「こういうふうにも考えられるよ。それについてはどう思う？」と問いかけて、違う見方や考え方ができることを教えていくとよいでしょう。

　**大切にしたいのは、子どもが自由に考えられる環境をつくり、社会への関心をもてるようにしてあげることです。**

　社会を広く見渡せるような仕組みづくりを考えて、就学前から子どもの視野をなるべく広げていってあげてください。社会への関心があると、その後の探究活動によい影響を与えてくれます。

　これまで紹介した問いかけについて、ここで改めてまとめてみましょう。

---

### 問いかけのコツ

- ・まずは「どう思う?」と聞いてみる
- ・「本当かな?」という問いで多角的に考える習慣をつける
- ・「どうしてそう考えたの?」と深掘りする
- ・子どもの意見や考えは否定しない

---

　最初から「どう思う？　本当かな？　どうしてそう思った？」などと質問攻めにせず、少しずつ深い問いかけをしていきましょう。

　子どもから思ったような反応がないこともありますが焦らないことです。その場でうまく親に言えなくても、子どもの中で探究心の芽が生まれさえすれば、それでいいのです。

# 好奇心を刺激する
# 「マイテーマ」を見つけよう

　探究心は好奇心から始まります。子育てや教育で、小さい子の「これってなんで?」「どうしてこうなってるの?」は大事にしましょうといわれるのも、そのときが、まさに子どもの好奇心が最大限に高まっている瞬間だからです。

　ここで親が知っている範囲で教えてあげるだけで、乾いた土に水が染み込むように、子どもの中に新しい知識が増えます。わからなかったことが解明されて喜びを覚えます。

　それまで疑問に思っていたことが解き明かされると、大人でもスッキリしますが、それは子どもも同じ。とくに小学生くらいの子どもにとって、知らなかったことを知り、ひとつ賢くなることは、大人以上にうれしいものなのです。

## 好奇心全開で疑問をもてる子に

「知ることは楽しい」と感じれば、子どもはもっといろいろなことを知りたいと思うようになり、「なぜなのか」「どうしてなのか」というさらなる「問い」も生まれます。

　問い立ては探究の出発点です。**子どものうちから、「これって不思議だな。なんでなんだろう」と、好奇心全開で疑問をもてる子にしておくと、知識が増えるにつれて探究心も広がっていきます。**

　たとえば昆虫や動物、植物や宇宙に関することなど、自然

科学系の「不思議」は興味・関心をもちやすい分野の筆頭です。自然体験をおすすめするのも、自然の中には「不思議だな」「おもしろい！」と感じて、自分なりの探究につながる「マイテーマ」にしやすいものがたくさんあるからです。

宇宙や天気、昆虫、植物など自然科学は「マイテーマ」にしやすい。

　大自然の中でなくても、街中でも、「不思議」や「おもしろい」はたくさん見つけられます。
　たとえば街路樹を見て、「あの葉っぱは冬になると落ちちゃうのに、この葉っぱは冬でも落ちないのはどうしてかな？」「最近、暗くなるのが早くなってきたけど、なんでだろう？」と問いかけるなど、親も好奇心をもって周りを観察し、子どもの気づきにつながる声かけをしていきましょう。

### 正確な知識より知る楽しさが大事

　もし子どものほうから自発的に、「どうして鳥は自分の好きな木の実を見分けられるの？」「花に色がついているのは

なんで？」「昼間に月が見えるのはどうして？」のように質問してきたら、できるかぎり対応してあげましょう。

質問されたらまず、「いいところに気がついたね。すごいね」とほめてあげてください。

大切なのは、**知る楽しさを体験させてあげること**です。「正しい知識を教えなければ」と気負う必要はありません。むしろ、親がわからないこと、知らないことを質問されたらチャンスです。

「お父さん・お母さんもわからないから、あとで一緒に調べよう」と誘ったり、「不思議だね。どうしてだと思う？」と子どもに問いかけたりすればいいのです。そこから「探究心の芽」が生まれます。

親子の間でそうしたやり取りが増えるほど、問いを立てる力がついていきます。

## 身の回りの「できたらいいな」からテーマを探す

そのほか、「**解決できたら、みんなが幸せになれること**」を親子で考えたり、IoT（モノのインターネット）の発展で昔より便利になったことを探したりするのもおすすめです。

探究学習につなげていくことを意識して、**SDGsに関することをテーマに、地域を見て歩いたり、親子で考えたりする**のもよいでしょう。

例をあげてみましょう。

ゴミ箱のゴミがあふれているのを見かけたら、「ゴミを増やさないために、どんな工夫ができるか」を考えてみる。

外国籍の人が多く暮らす地域であれば、「文化が違って
も、地域のみんなが仲よく幸せに暮らせるようにするにはど
うしたらよいか」を考えてみる。

「節電中」の貼り紙を見かけたら、「節電せずに電力消費を
抑えるにはどうしたらいいか」を考える、または、「クリー
ンエネルギーにできそうな自然資源にはどんなものがあるだ
ろうか」といったことを一緒に調べてみる。

　あるいは、自分たち親子が生活の中で不便に感じていた
り、困っていたりする問題について、テクノロジーを使った
解決法を自由に考えてみる、というのもあります。

　むずかしく考える必要はなく、たとえば、路線バスが止ま
るとステップが自動的に下がって乗り降りしやすくなるの
も、テクノロジーを使って「できたらいいな」が実現されて
いる一例です。

　すでに解決されているケースを探していくのも、マイテー
マを見つけるヒントになるかもしれません。

---

### マイテーマの見つけ方

- 疑問に思ったことを解明する
- 興味をもったことを深掘りする
- 身の回りの「できたらいいな」を探究する
- すでにできている便利なものに注目する

---

　子どもが「もっと知りたい！」「調べてみたい！」とワク
ワクするものを、ぜひ一緒に探してあげてください。

# 「もっと知りたい！」を刺激するひと工夫

子どもは「知りたい！」と思えば、自ら進んで答えを見つけようとします。けれども、子どもの関心はそう長くは続かないため、放っておいたことで、せっかく灯った興味・関心の種火が自然消滅してしまうことも。

**小さな種火が大きな炎へと育っていくように、子どもが何かに興味・関心を示したら、「もっと知りたい！」につながる後押しをしてあげましょう。**

親が手助けすることで、楽しく、無理なく、「知りたい！」という熱い気持ちのまま究めていくことができます。それを続けると、子どもの中に探究する力が鍛えられていきます。

## 親子で楽しみ、関心事を学習に結びつける

小学生までの子どもの学びは、大人の伴走があるほうが広がります。子どもが自らどんどん動き出していくまでは、親子で一緒に学びを深めていきましょう。

その際のポイントは、親も楽しんで取り組んでいくことです。「調べてみなさい」「やってみなさい」だけでは、子どものエンジンはかかりません。親が一緒にやってくれるからこそ、子どもも安心して調べ学習に取り組んだり、「やってみよう」と思ったりするのです。

**子どもが好きなこと、関心をもっていることがあったら、**

**「一緒に調べてみよう」から始めましょう。**

　たとえば、「ポケモン」が好きな子なら、子どもと一緒に楽しみながら、調べ学習の切り口を探してあげることもできます。キャラクターのもとになっている生き物や自然現象を調べて、特性がどんなふうにキャラクターに活かされているかをまとめていけば、立派な調べ学習になります。

　そこからさらに、教科学習に結びつけていくこともできます。「ピカチュウの10万ボルトって、どのくらいの強さなんだろう？」と理科の教科書で調べてみたり、バトルの舞台となる地方のモチーフになった国や地域を、社会の教科書で探してみるといったこともできるでしょう。

　**遊びながら調べ学習につなげ、探究学習と教科学習に結びつける**。親も楽しみながら、こうしたサポートをしましょう。

### 図鑑や本を最大限に活用しよう

　手軽に知りたいことを知ることができる。「なんで？」を解き明かしてくれる。そのためのサポートツールが図鑑や本です。なかでも図鑑は、子どもの知的好奇心を刺激してくれる最強ツールといっても過言ではありません。

　疑問に感じたことを調べるのにも役立ちますし、本としてパラパラめくって楽しむという使い方もできるのが図鑑です。

　どこかに出かけて見かけたこと、体験したものを、帰ってから図鑑で調べて知識を補強する。図鑑を見て知ったことを実際に外で探してみる。テレビ番組で取り上げられていたものやニュースで興味をもったことを図鑑で調べる。

このように、図鑑を使った調べ学習が当たり前となるよう、まずは親から働きかけをしていきましょう。

**「じゃあ、帰ったら図鑑で調べてみよう」「図鑑で見た星座を探してみよう」「番組に出てきたアフリカの国ってどんなところか図鑑で調べよう」など、親が意識的に声かけをしていくと、「何かあったらすぐ図鑑」が習慣化されていきます。**

　今の図鑑は種類が豊富です。定番の図鑑のほかにも、『めくって学べるきかいのしくみ図鑑』『さわって学べるプログラミング図鑑』（Gakken）、『分解する図鑑』『ふしぎの図鑑』（小学館）など、内容やつくりが凝った図鑑があります。

　気になったらすぐ手に取れるように、「魚」「動物」「植物」「宇宙」「昆虫」といった定番テーマを何冊か揃えておくのもよいですし、まずは図書館で借りてきて子どものお気に入りを見つけてから買ってあげるのもよいでしょう。


## 気づきを促す「言葉かけ」をしていく

　親が意識して言葉をかけて、子どもが「あれ、なんでだろう？」と、改めて気づくきっかけをつくっていくことも、「もっと知りたい！」を刺激する秘訣です。

　たとえばアリの行列を見つけて、「なんでアリはいつも1列になって歩いているんだろうね」と疑問を口にしたり、「Wi-Fiってどんな仕組みになっているんだろう？」「源頼朝はどうして幕府をつくるなら鎌倉がいいと考えたんだろうね」など、**「ホントだ！　なんでだろう!?」**につながる声かけをどんどんしていきましょう。

「なぜ?」「何?」「どうやって?」などの問いかけで好奇心を刺激する。

　それには親自身も知的好奇心をもって世の中を見て、普段からいろいろなことに疑問をもってみる姿勢が大切です。

## 「4つの役割」を意識して後押しする

　子どもの探究心と探究力を刺激するといっても、親が前のめりになって引っ張っていったり、やり方を押しつけたり、軌道修正しようとしたりするのはよくありません。
「やらされている」と感じた瞬間に、子どもの興味・関心の種火は消えてしまいます。そうならないように、**適切な距離感と関わり方で、巧みにサポートする**のがポイントです。
　第3章で紹介した「インストラクター」「ファシリテーター」「ジェネレーター」「メンター」の4つの役割（→P.130）は、家庭でのサポートにも活かせます。

**インストラクターとして調べ方や究め方を教えてあげ、ファシリテーターとして学びをサポートし、ジェネレーターとして一緒に探究を楽しんで、子どもが自力で取り組み始めた**

ら、必要なときだけ手助けするメンターでいる。

　こうしたことを意識して、後押ししてあげましょう。

## 親自身も好きなことを究め続けよう

　子どもは親の姿から多くのことを学びます。**子どもの探究心を刺激する最大のコツは、親もワクワクしながら何かを究めていくことです。**

　忙しい毎日であっても、子ども時代の好奇心を呼び覚まして、「これってどうしてなんだろう？」「どうしたら解決できるだろう？」という探究心の芽を見つけてみてください。

　どんなことでもかまいません。釣り、ゴルフ、ガーデニング、俳句づくり、パンづくりといった趣味でも、語学やプログラミングといった学習系でも、やっていて「楽しい」と思えてハマる何かを見つけます。情報を収集したり、新しいことにチャレンジしたり、創意工夫したりと、熱中して学ぶ姿を子どもに見せてください。

　親の探究する姿勢は、子どもにとって学びのロールモデルになります。「究めることはこんなに楽しいんだよ」というメッセージが伝わるよう、親の好きなことに子どもを巻き込んでみてもいいでしょう。

　**親と子が、隣同士でそれぞれの好きなことに取り組んでいる。そのような光景が日常的になったら、子どもの探究心にますます火がつくに違いありません。**そこから新たな探究対象が見つかる可能性もあります。

# 探究心の芽を摘んで
# しまわないための心がけ

　子どもの探究心を育てていくうえで気をつけたいのが、親の関わり方によってせっかく芽生えた探究心の芽を摘み取ってしまうことです。親が子どものためによかれと思ってやっていることが、かえって探究心をつぶしてしまう場合もあります。

　子どものやる気や探究意欲がすくすく成長していくように、次の点を心がけてみてください。

---

**探究心の芽を摘まないための心がけ**

・先回りをしない
・失敗＝挫折と捉えない
・親の価値観で夢中になっているものを取り上げない
・子どもを信じて焦らず見守る

---

　ここで改めて認識していただきたいのは、**探究力＝「自ら問いを立てて考え、行動し、自分なりの答えを見つけていく力」である**という点です。

　主役はあくまで子どもです。

　親の価値観で、子どもがやろうとしていることをコントロールしようとすると、大事なキーポイントである「自ら」の部分が育たなくなります。

## 先回りをしない

　よくある先回りのひとつが「**口出し**」です。「**こっちを先にやりなさい**」「**こうやったほうがいいでしょ**」など、**子どもの行動に対して指示をしてしまう**のです。

　もうひとつの先回りが、**子どもがやるべきこと、子どもが自分でやりたいことを、親が先に用意してしまう「お膳立て」**です。

　興味のある分野の漫画にハマっている子どもに「漫画ばかり読んでいないで、この本を読みなさい」と押しつける。子どもが何か調べようとしているとき、資料の下準備をすべて親がしてしまう。このような、子どもの「おもしろいな」「やってみようかな」という気持ちを抑えつけてしまう言動をしていないでしょうか。

　親としては、「子どもが知識を増やせるように」「子どもが作業をしやすいように」と考えてのことでしょう。せっかく用意した本や図鑑に興味をもってほしい、という気持ちになるのも無理からぬことです。

　けれども、**先回りやお膳立てが多いと、子どもの自主性や主体性が育たず、言われたことだけやる子に育ってしまいます。探究で大事な「自ら」の部分を育んでいけなくなります。**

　ここで、第2章で紹介した「参画のはしご」の理論（→P.64）をもう一度見てみましょう。

　下から3つの「操り参画」「お飾り参画」「形だけの参画」は「非参画」、つまり形だけ参画しているようで、実際は参

画していない状態でした。同じように、**親の「先回り」や「お膳立て」で行う探究は、真の探究とはいえない**のです。

　下から4つめからが本当の意味での「参画」とされていますが、**探究学習では、7つめの「子どもが主体的に取りかかり、子どもが指揮する」より上を目指したいところです。**そこまでもっていけたら、親はメンターとして、必要なときにサポートしてあげればいいのです。

▶参画のはしご

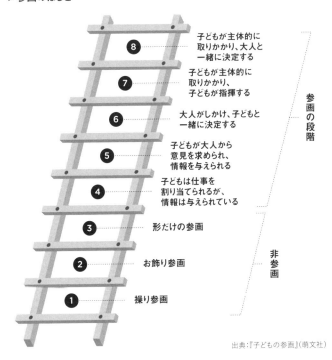

8　子どもが主体的に取りかかり、大人と一緒に決定する

7　子どもが主体的に取りかかり、子どもが指揮する

6　大人がしかけ、子どもと一緒に決定する

5　子どもが大人から意見を求められ、情報を与えられる

4　子どもは仕事を割り当てられるが、情報は与えられている

3　形だけの参画

2　お飾り参画

1　操り参画

参画の段階

非参画

出典:『子どもの参画』(萌文社)

## 失敗＝挫折と捉えない

　先回りやお膳立ては、「子どもが失敗したらかわいそうだ」「挫折したら心が折れてしまわないか心配だ」という親心からしてしまう場合が大半でしょう。

　けれど、失敗から学べることはたくさんあります。**とくに、自分で挑戦して、その結果うまくいかなかったことは、次につながる貴重な経験です**。「失敗させまい」という親心が、その貴重な経験を奪ってはいないでしょうか。

　失敗を経験した子のほうが「**レジリエンス**」も高くなります。レジリエンスとは、逆境や困難な状況のなかでも、めげずに、しなやかに適応していく力です。先行きが不透明な時代に、レジリエンスがついていることは強みになります。

　また21世紀に必要な力といわれている「**GRIT（諦めずにやり抜く力）**」も、失敗経験があることで育ちます。

「失敗＝挫折」ではなく、「失敗＝力をつけるチャンス」と捉えて親は見守り、子どもが求めてきたときに手助けをすればいいのです。

## 親の価値観で夢中になっているものを取り上げない

　勉強もしないでゲーム三昧（ざんまい）している。SNSに夢中になっていてスマホを手放さない。パソコンソフトでずっと遊んでいる──。そんな姿を目にすると、「遊んでいないで勉強しなさい！」と言いたくもなるでしょう。

「SNSは時間のムダ」「パソコンをいじるより受験勉強のほ

うが大事」と考える保護者は大勢います。「ゲームやスマホを長時間やるのは心配」との声も多く聞かれます。

　だからといって、すぐさま制限をかけ、禁止するのは考えものです。勉強＝机に向かってやるもの、長時間のゲームやスマホは悪といった親世代の価値観は、この先子どもたちに必要となる力をつぶしてしまうかもしれないからです。

　たとえば、InstagramやYouTubeに動画を投稿することは、親の目には遊びにしか映らないでしょう。けれども子どもたちは、自分なりの美的感覚で構図を考えたり、写真を撮ったり、加工を施したり、効果音をつけたりと、テクニックや技術を使いこなして「作品」にしています。そこにはクリエイティビティがあふれています。

　ゲームも、一概に悪いとはいえません。オンラインゲームを通じて、海外のプレイヤーとコミュニケーションをとったり、最新テクノロジーを体験したりできる場にもなっているからです。

　**子どもが夢中になっているもの、没頭しているものを大事にしていくことは、探究力を養う基本です。**

　小さい頃からゲーム三昧だった子が、プログラミングやロボット製作にはまり、ロボットコンテスト「WRO」の小学生部門で世界7位に入賞した例もあります。

　先の未来がどうなっていくかわかりません。遊びにしか見えないこと・ものの中に、子どもの人生にプラスに働く可能性が隠れているかもしれないのです。

　遊びより勉強という親の価値観で、その可能性を摘んでしまうのはもったいないことです。

## 子どもを信じて焦らず見守る

　先回りやお膳立てをしなくても、楽しいと思ったら子どもは高いモチベーションをもって取り組んでいきます。親があれこれ手を出さなくても、子どもには自発的に学習する力が備わっているものなのです。

　子どもが夢中になっていたり、好きで取り組んでいたりすることは、結果がどうなろうと、親が思うようにはいかなくても、まずは見守ってあげましょう。

　うまくいかなかった、あるいは途中で飽きてしまった場合でも、探究のプロセスを楽しんでやれた経験は、次の探究に活きてきます。

　**子どもに関心を向けつつ、後ろで控えて、子どもが興味・関心をもった物事を究めていけるように手助けする。自分の力でやり遂げようとするまで、信じて待ってみる。**

　それが探究心の芽を摘み取らないための、親としての不可欠な姿勢です。

　探究的なテーマにつながる切り口探し、子どもが行きたい、見てみたいと口にした場所に連れて行ってあげること、子どもの学びに役立ちそうな本や図鑑を用意しておいてあげることなどは、ぜひともやってあげてほしいことです。

　でもそこから先は、子ども自身の学び取っていく力、子どもの中に眠る底力を信じて、やりたいことに思う存分取り組めるよう、親は黒子に徹しましょう。

# やる気を引き出す
# フィードバックのコツ

　ビジネスの場面で、社員のモチベーション向上などに効果的な手法として取り入れられているのが「フィードバック」です。

　フィードバックとは、改善点や客観的な評価を相手に伝えて気づきを促し、よりよい行動につなげていくというもの。

　子どもが取り組んでいることに、親がポジティブなフィードバックをしてあげることで、子どものやる気やモチベーションを高めていくことができます。

　また、子どもが行き詰まったときに、自分自身で解決策を考えられるようにもなります。

## ポジティブ・フィードバックを多めに

　フィードバックには、2つの種類があります。

　ひとつは、**よい部分を肯定的な言葉で伝えていく「ポジティブ・フィードバック」**、そしてもうひとつは、**問題点や改善点を伝える「ネガティブ・フィードバック」**です。

　どちらも、子どもに「もっとがんばってやってみよう！」という気持ちをもたせるうえでは効果的ですが、**やる気を高めるには、ポジティブ・フィードバックのほうを多くするのがコツ**です。

　ポジティブ・フィードバックの基本は、「よくできている

点」「がんばってやり遂げたこと」などに着目することです。

　たとえば恐竜好きで、博物館や図鑑で知ったことを組み合わせてイラストつきのオリジナルノートを完成させた、地域を回ってどんなゴミがどのくらい多いのかを調べて、自分なりに分析したなど、**「調べたことが何か結果となったとき」がフィードバックのチャンス**です。

「目のつけどころがとてもいいね」「わかったことを上手にまとめたね」とほめてあげましょう。

　また、「上手にできた」「詳しく調べてある」といった結果をほめるだけでなく、「自分の足で回って調べたんだね。よくがんばったね」と**取り組んだプロセスにも着目して、がんばっている点、よく考えてある点を具体的にほめること**がポジティブ・フィードバックのポイントです。

　プロセスを評価してあげることで自ら探究する姿勢がしっかり身についていきます。

## ネガティブ・フィードバック 1：サンドイッチ話法

「ここはもうちょっとがんばれるといいな」など、改善してほしいところを伝えるネガティブ・フィードバックのコツはいろいろありますが、子どもに伝える際は3つのポイントを意識するとよいでしょう。

　ひとつめの「サンドイッチ話法」は、**「ほめる→改善点を伝える→ほめる」の順番で伝える**手法です。

　ネガティブなフィードバックをポジティブなフィードバックの間にはさむことで、子どものやる気を失わせることな

く、できていないところを伝えることができます。

たとえば、調べたことをそのまま丸写ししているような場合なら、「ここまでよく調べてまとめたね。ここをもう少し工夫すると、もっとすごいものになると思うよ。恐竜が大好きなことはとてもよく伝わってくるから、どんなオリジナルノートができるか、楽しみにしているね」といったように伝えます。

ポジティブにダメ出しができるので、子どもも「そうか！　ここを直すといいんだ！」と前向きに考えることができます。

<br>

> ## ネガティブ・フィードバック2：子どもに考えさせる

改善点を指摘するときは、**親が「これが足りない」「ここはこういうふうに書くといい」と具体的に教えるのではなく、何が課題で、何をすればいいかを子ども自身が考えられるように導きます。**

ポイントは「もっとよくするには、どうしたらいいかな？」「そのために何をすればいいと思う？」と尋ねることです。

「こうするといいと思う」と子どもなりの考えが出てくるまで待ってあげてください。なかなか考えつかないようなら、「たとえば○○はどうかな？」とヒントを出して、考えるきっかけをつくります。

## ネガティブ・フィードバック 3：I(アイ)メッセージ

「Iメッセージ」は、親自身を主語にして「私 (I) はこう感じた」と伝える方法です。

「これじゃダメでしょう」「○○はこういうところが苦手だね」と断定したり、子どもそのものにダメ出しをせず、あくまでも親の主観として「お父さん・お母さんは、ここがもうちょっとこうだったらいいなと思った」と伝えることで、子どもが「否定された」「ダメって言われた」という気持ちになることを防ぎます。

▶ ネガティブ・フィードバックのポイント

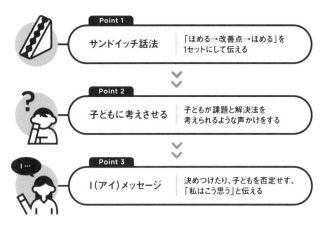

| | Point 1 | |
|---|---|---|
| | サンドイッチ話法 | 「ほめる→改善点→ほめる」を1セットにして伝える |
| | Point 2 | |
| | 子どもに考えさせる | 子どもが課題と解決法を考えられるような声かけをする |
| | Point 3 | |
| | I(アイ)メッセージ | 決めつけたり、子どもを否定せず、「私はこう思う」と伝える |

改善点を指摘する際は、「ダメ出し」ではなく、
次のやる気につながる伝え方を心がける。

こうした伝え方でフィードバックをして子どもの成長を後押ししていくと、ポジティブに自分の改善点を捉えることができるようになります。

　将来、うまくいかないことがあっても、結果だけを見て「自分はダメだ」「やっぱり無理だったんだ」と落ち込まず、「どうすれば次はうまくいくだろう」と、前向きに考えられる人になっていきます。

　これから子どもたちの行く先には、「人生の探究」が待っています。
「どんな人生だったら自分は幸せか」「みんなの幸せのために、自分は何ができるか」と問い続けながら社会で活躍する力を、子どものときから育んであげてください。

# あとがき

学修デザイナー協会理事長 鹿江宏明

## 時代は、ペーパーテストでは測れない力を求めている

　大学の入学試験は今、大きく変わろうとしています。私たちが知っている「入学試験」は、受験生が何年も塾に通いながら、なるべく多くの知識を頭に詰め込み、試験当日にどれだけ覚えたことを「再生」できるかが、合否を決める大きな決め手となっていました。

　でも、このような試験は、少し見方を考えると、受験生の「暗記力」を測定しているともいえます。もちろん、試験の中には応用的な問題もありますが、これも「定石」を暗記すれば、ある程度答えることができます。

　子どもたちがこれから生きていく社会では、AI（人工知能）が生活の一部になります。AIは近年、大学の入学試験を解くこともできるようになりました。私は今、大学に勤めていますが、レポート課題を出すと、ウェブ上で課題をAIに解答させ、その内容を再構成して提出する学生も出てきました。

　これからの複雑化する社会で求められる力には、OECDのラーニング・コンパスが示すように「新たな価値を創造する力」「対立やジレンマに対処する力」「責任ある行動をとる力」などがあげられます。ここには、これまで学校がペーパーテストで測定していたような「知識量」や「正確な思考」は見当たりません。これまで学校が実施してきた伝統的な試験は、すでに社会の動きと離れつつあるといえるでしょう。

　社会の変化に対して、教育界も幾度となく学習指導要領を

改訂し、よりよい教育へとバージョンアップしようとしてきました。しかしながら、大学入試では伝統的に「知識量」や「正確な思考」を求める出題がされ、このことが教育の変革を妨げてきたともいえます。せっかく教員が授業改善をしても、児童・生徒から「入試に通る授業」が求められる限り、「覚える学習」を続けざるをえなくなります。

　このような状況のもと、高等学校では2022年度の入学生から新しい学習指導要領の実施が始まりました。この学習指導要領では、基本方針にも示されているように、「生徒一人一人に社会で求められる資質・能力を育み、生涯にわたって探究を深める未来の創り手として送り出していくこと」を重視し、「総合的な探究の時間」を教育課程に位置づけました。これにより、児童・生徒が小学校や中学校で学んできた「総合的な学習の時間」を高等学校で深化・拡大し、「探究活動」を推進することになります。

　これからの時代が求めている力は、「知識量」や「正確な思考」ではありません。大学はこれまで、「知識量」や「正確な思考」ができる学生が創造力などの資質・能力も高いと仮定して入試を実施してきました。しかしながら、この仮定がすでに成立しないことは社会の状況を見ても明らかです。このような動きと連動し、今、大学入試は大きく変わろうとしています。

## 「探究力」を評価する入試が主流になる

　第1章にもあるように、今の大学の入学試験は大きく分けて「総合型選抜」「学校推薦型選抜」、そして「一般選抜」の

3つのタイプがあります。「総合型選抜」は、各大学が求める学生像に合った受験生を、それぞれ工夫した方法で選抜します。「学校推薦型選抜」は、出身高校の推薦基準を満たした受験生を、面接や小論文で選抜します。「一般選抜」は、ペーパーテストを中心とした試験で選抜します。

2022年に全国の大学に入学した新入生のうち、半数以上が「総合型選抜」と「学校推薦型選抜」で受験して入学したと報じられました。この動きは今後も加速していくことが予想されます。この傾向から、大学は教育の質を担保するために、「総合型選抜」や「学校推薦型選抜」を工夫することが必須と考えられます。

各大学は今、これからの社会で活躍できる卒業生を輩出しようと、特色ある入試を進めています。とくに、最近の大きな流れとして、大学は受験生が高等学校で取り組んできた「探究」を評価しようとしています。

たとえば、総合型選抜の試験において、慶應義塾大学、国際基督教大学、桜美林大学、関西学院大学などは、高等学校で取り組んだ探究をテーマにした面接や、プレゼンテーションを実施する入学試験を課しています。

奈良女子大学は、総合型選抜に「探究力入試『Q』」という入試を設定し、高等学校の探究活動に加え、入試日にデータや資料の処理、ディスカッション、プレゼンテーションなどを実施し評価しています。お茶の水女子大学は、総合型選抜に「新フンボルト入試」を設定し、一次選考では「プレゼミナール」で大学の授業を受けてレポート提出、二次選考では「図書館入試（文系）」、「実験室入試（理系）」を実施するなど、探究活動を試験に組み込んでいます。このような動向は今後も拡大していくことが予想できます。

海外の大学入試に目を向けてみると、アメリカの共通テストSATは、2021年に、英語、数学、科学、歴史、外国語の5教科20科目からなるSAT Subject Testsを廃止し、英語と数学のみにしました。2021年には、アメリカの名門大のひとつであるカリフォルニア大学がSAT等の共通テストを実施しないと発表しました。

　これからは、ペーパーテストが得意とする「知識量」や「正確な思考」の評価が大学入試から離れていく傾向にあり、「これまで何を経験したか」「これから何をしたいのか」など個人の経験と考えに対する評価が重視されることでしょう。

　また、日本で2019年から始まった「GIGAスクール構想」は、全国の小・中学校の児童・生徒全員に、自分専用のデジタル端末をもたせました。最近では、私たちが体験してきたドリル的な学習は、これまでの紙と鉛筆からデジタル端末に変わりつつあります。児童・生徒が端末上で問題を間違えると、その子の間違いを分析し、解決できるような資料や問題が個別に配付されます。では、そのような大変な作業を瞬時にしているのは、教師でしょうか？　じつはAIがやっています。すでにAIは、教育現場で使われ始めているのです。

　日本の教育現場は今、明治以来の大きな転換期を迎え、新たな時代を迎えようとしています。私たち大人は、ここで、過去に自分たちが受けてきた教育を持ち出してはいけません。新たな時代を見据えて、新しい学校教育に注目しながら、子どもと一緒に教育のアップデートを楽しみましょう。

探究学習の「学び合い」を最適化する

# マイデジタル図書館 「PABLOS」のご案内

PABLOS

探究学習においては、授業事例や成果を共有する教員間の協力ネットワークを強化することで、質の高い教育を、日本全国に迅速に広げることが可能になります。

2011年より、学び合い学習やICT教育といった新しい教育に取り組んできた学修デザイナー協会では、探究学習に大変効果的なデジタル図書館「PABLOS（パブロス）」を公教育の教員の皆様に無償で提供いたします。

## 探究学習に取り組む先生方の課題は?

情報共有と
共通理解
**52**%

研究会
コミュニティが
少ない
**46**%

学習テーマの
主体的な設定
**37**%

授業の
設計
**30**%

その他
- 教材の事例が少ない **18**%
- 学習指導要領との読み解き **15**%
- 教科学習との関連づけ **12**%

学修デザイナー協会が小中高大の先生方を対象に実施したアンケートでは、とくに情報共有や授業設計に「とても問題がある」との回答が多く見られました。

# 「PABLOS」が探究学習の課題を解決!

## ↘ 全国の先生方と探究学習に関する情報交換が可能に

PABLOSは、日本全国200校以上(2022年8月現在)の小学校、中学校、高等学校、大学、教育委員会でご活用いただいています。「どんな授業内容にすればよいのか」「どうすれば、子どもたちが興味を持ってくれるのか」などの情報交換、意見交換、事例の共有がいつでもオンラインでできます。

## ↘ 授業事例を閲覧可能

他校の探究学習を参考にしたいという先生方のニーズにも、PABLOSはお応えします。全国の学校で行われている探究学習の事例や先生方の取り組みを必要なときに自由にご覧いただけます。

**探究学習事例研究 高校生の探究発表事例を一緒に考えましょう** 全てを見る (8)

| ふたばメディア 探究事例 08 | つなぐ記憶と想い 探究事例 07 | 水を科学する ～トリチウム研究～ 探究事例 06 | 海水温度差発電 探究事例 05 |
|---|---|---|---|
| ふたばメディア | つなぐ記憶と想い | 水を科学する・トリチウム研究 | 海水温度差発電 |
| 7セッション 8人が参加 | 2セッション 4人が参加 | 2セッション 4人が参加 | |

実際に児童・生徒が行った探究学習の内容を動画で閲覧。さらに、ディスカッション機能で他校の先生と意見交換もできます。

**探究の達人インタビュー 生徒を夢中にさせる探究学習と実践事例** 全てを見る (4)

探究の達人インタビュー Vol.4
前多 昌顕先生
1セッション 5人が参加

探究の達人インタビュー Vol.3
鹿江 宏明先生
2セッション 22人が参加

探究の達人インタビュー Vol.2
國西 重行先生
2セッション 12人が参加

探究の達人インタビュー Vol.1
荒 康義先生
2セッション 20人が参加

先進的な取り組みをしている「探究の達人」へのインタビューも掲載。授業設計における考え方や工夫した点、授業の成果などがわかります。

## ➤ 授業設計の幅が広がる最新ITツールが使用可能に

ご登録された先生は、無償でPABLOSを授業にお使いいただくことができます。PABLOSの最新ITツールを授業に取り入れると、たとえば次のような授業が可能になります。

・AIによるフィードバックを活用したハイブリッド授業
・柔軟性の高い反転学習の設計
・学習効果の高い自習時間の設計

### ▶ 生徒のスピーチをAIが評価した例

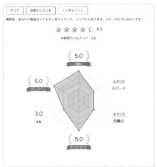

英語の教科書の音声とテキストを登録したあと、生徒の音読を動画で
アップし、その動画をAIが診断。生徒は、発音、アイコンタクト、明瞭さ、
ジェスチャーなどの項目を自分でチェックしてくり返し練習できます。

PABLOSなら、動画や文書、ディスカッション、小テストなどさまざまなツールを使ったコース設計ができ、多角的でより効果の高い授業ができるようになります。児童・生徒もゲーム感覚で楽しんで取り組めます。
また、ITツールを活用することで、先生方の指導や評価の時間が短縮できます。コースのつくり方もとても簡単で、思い通りのコースを好きなときにすぐに作成していただけます。PABLOS上にチュートリアルも用意されており、わからないことがあっても動画でご確認いただけます。

## PABLOSとは?

PABLOSは、「Project and Ability Based Learning Online School」の略称です。ダイヤモンドオンライン調査「ユーザーが選ぶ、最強のITツール」で約5000の製品中、第1位に輝いたUMUテクノロジーの学習プラットフォーム「UMU(ユーム)」を活用しています。
NPO法人学修デザイナー協会の趣旨に賛同いただいたアルマ・クリエイション株式会社(運営)、ユームテクノロジージャパン株式会社(プラットフォーム提供)のご協力で、公教育の教員の皆様に限り無償提供されます。

## 学修デザイナー協会の<br>「誰一人取り残さない」新しい教育モデル

### 学校に来られない児童・生徒にも探究学習の楽しさを届ける

オンライン学習により、学校に来る児童・生徒だけに学習を提供するという従来のアプローチから脱却し、児童・生徒がいつでもどこでも学びたいときに学べる環境を提供します。

### 学校と企業が手を結んだ「協育」を実現

学校と家庭だけが担っていた教育から、企業も加わった「協育」を積極的に進め、教育界と実業界の隔たりをなくします。企業が探究学習に加わることで、実社会とつながった深い学びが実現します。自社の業務に近いテーマで探究学習に取り組んだ学生を採用することは、企業にとってもメリットがあります。

### 家庭の経済状況にかかわらず学べる環境づくり

収入格差が学歴格差を生む現状を変えます。インターン制度や奨学金、ISA(所得分配契約)を活用し、学費の支払いの心配をせず学習に取り組める環境を整えます。

ぜひこの機会にPABLOSを導入し、貴校の探究学習にご活用ください!

**PABLOSの<br>ご登録(無料)は<br>こちらから!** ▶

**監修者 神田昌典**（かんだまさのり）

世界最大級の読書会「リードフォーアクション」創設者。世界ランキングNo.1のビジネススクールとして知られるウォートン・スクール東京連絡事務所代表。NPO法人学修デザイナー協会理事。コピーライティングの第一人者であり、日本発創造的課題解決法「フューチャーマッピング」の開発者。2011年、読書会「リードフォーアクション」を創設し、本を契機とした地域創生や組織イノベーション等のプロジェクトに携る。2018年には、国際的マーケティング賞「ECHO賞」の国際審査員に抜擢。経営するアルマ・クリエイション株式会社は、税理士法人古田土会計による中小企業の企業格付、古田土式「社長の成績表®」にて、2019年度から2年連続して2000社以上の中でトップを獲得。主な著書に『未来実現マーケティング～人生と社会の変革を加速する35の技術』（PHPビジネス新書）、『コピーライティング技術大全』『ストーリー思考』（ダイヤモンド社）、『成功者の告白』（講談社）など、約100冊の著作をもつベストセラー作家である。

**編著者 学修デザイナー協会**（がくしゅうデザイナーきょうかい）

2011年に「子どもたちの未来に橋をかける」という趣旨で研究会が発足。2013年には特定非営利活動法人KNOWSとして東京都の認証を得る。2019年からは名称を「NPO法人学修デザイナー協会」に改め、教育学や心理学、脳科学などの知見を生かし、学習者一人ひとりを観察し、学修を深める思考ツールやICTを活用しながら「何を教えたか」ではなく「何ができるようになるか」の視点で授業のデザインに取り組んでいる。これらの取り組みはデジタル図書館「PABLOS」で共有するとともに、全国大会での発表や広報誌「KNOWS」への掲載を通して、誰もが夢中になれる学びづくりをめざす仲間を全国に広げている。

# 探究の達人 子どもが夢中になって学ぶ! 「探究心」の育て方
（たんきゅうのたつじん こどもがむちゅうになってまなぶ 「たんきゅうしん」のそだてかた）

2023年3月14日　初版第1刷発行

| | |
|---|---|
| 監修者 | 神田昌典 |
| 編著者 | 学修デザイナー協会 |
| 発行者 | 岩野裕一 |
| 発行所 | 株式会社実業之日本社 |
| | 〒107-0062 |
| | 東京都港区南青山5-4-30　emergence aoyama complex 3F |
| | 電話　[編集] 03-3486-8320　[販売] 03-6809-0495 |
| | [ホームページ] https://www.j-n.co.jp/ |
| | [進路指導net.] https://www.j-n.co.jp/kyouiku/ |
| | 小社のプライバシーポリシー（個人情報の取り扱い）は上記ホームページをご覧ください。 |
| 印刷・製本 | 大日本印刷株式会社 |